Edmund Schlink
Die Vision des Papstes

Edmund Schlink

Die Vision des Papstes

Erzählung

Mit einem Vorwort von
Franz Kardinal König
und Landesbischof Klaus Engelhardt

Die Deutsche Bibliothek – CIP-Einheitsaufnahme
Schlink, Edmund: Die Vision des Papstes / Edmund Schlink.
Mit einem Vorw. von Franz Kardinal König und Klaus Engelhardt. –
Karlsruhe: Hans Thoma Verl., 1997
     (Edition Zeitzeugen)
     ISBN 3-87297-130-1

© Hans Thoma Verlag GmbH
Karlsruhe, 1. Auflage 1997

Gestaltung: Bernhard Kutscherauer
Herstellung: Dinner Druck, Schwanau-Allmannsweier

Inhaltsverzeichnis

Von besonderer Aktualität
Vorwort von Franz Kardinal König

Die hier vorliegende Erzählung „Vision des Papstes" ist bereits vor einiger Zeit gemeinsam durch den österreichischen Verlag der Styria sowie den deutschen Verlag Vandenhoeck & Ruprecht verlegt worden.

Jetzt aber haben es verschiedene Umstände nahegelegt, die gleiche Erzählung nicht mehr unter dem damals verwendeten Pseudonym Sebastian Knecht, sondern mit dem richtigen Namen des Autors, Edmund Schlink, herauszugeben. Dieser bekannte Theologe hatte als Delegierter der EKD am Zweiten Vatikanischen Konzil als Beobachter teilgenommen; außerdem war er offizieller Delegierter der EKD bei den Vollversammlungen des Ökumenischen Rates der Kirchen. Der Inhalt dieses Buches, das heißt, die vorliegende Neuauflage – es handelt sich dabei weder um die geschichtliche Gestalt eines Papstes aus der jüngsten Zeit, noch ergeben sich unmittelbare Bezüge auf den jetzigen Papst Johannes Paul II. – greift eine Idee auf, die aus verschiedenen Gründen heute wieder unsere besondere Aufmerksamkeit beanspruchen sollte und die auch für unser gemeinsames ökumenisches Interesse von größerer Bedeutung sein könnte.

Unlängst veröffentlichte der jetzige Papst, als Oberhaupt der katholischen Kirche, ein Rundschreiben „An der Schwelle des dritten Jahrtausends", worin er unter anderem selbst dazu eingeladen hat, gemeinsam zu überlegen, ob und wie die Schwierigkeiten im Zusammenhang mit dem Petrusamt im Dienste der kirchlichen Einheit, das von vielen als Hindernis der ökumenischen Bewegung bezeichnet wird, beseitigt werden können.

Edmund Schlink ist leider zu früh von uns gegangen, aber seine umfassende ökumenische Dogmatik (Göttingen 1983), seine große Kenntnis der ökumenischen Bewegung sowie sein erstaunliches Einfühlungsvermögen in die Denkweise eines Inhabers des Petrusamtes im Dienste der katholischen Christenheit geben seiner Darstellung heute eine besondere, fast bedrängende Aktualität.

Als Teilnehmer am Zweiten Vatikanischen Konzil bin ich Edmund Schlink wiederholt begegnet. Seine Freude, auf dem Konzil dem Aufbruch eines neuen ökumenischen Interesses begegnen zu können, bleibt mir im-

mer noch in lebhafter Erinnerung. Schlink wollte einerseits an seiner Position als Delegierter der EKD keinen Zweifel aufkommen lassen, andererseits war er tief beeindruckt, daß ein solcher neuer ökumenischer Impuls sich hier immer deutlicher manifestierte.

An der Textwerdung des Vatikanischen Ökumenismusdekretes hat er ganz persönlich Anteil genommen. Denn hier heißt es im offiziellen Text: „Die Einheit aller Christen wiederherstellen zu helfen, ist eine der Hauptaufgaben des ökumenischen Zweiten Vatikanischen Konzils ..." Denn die bestehende Spaltung „widerspricht ganz offenbar dem Willen Christi, sie ist ein Ärgernis für die Welt und ein Schaden für die heilige Sache der Verkündigung des Evangeliums vor allen Geschöpfen".

Diese Neuauflage „Die Vision des Papstes" einzubegleiten, betrachte ich gewissermaßen als einen Freundesdienst an Edmund Schlink. Die Idee eines „Papa Angelicus" mit seinen abendländischen Perspektiven eines Joachim de Fiore ist zwar keine historische Wahrheit, aber eine Idee, die in die Geschichte unserer Tage hineinwirkt und nach geschichtlicher Verwirklichung drängt.

Ein Impuls
Vorwort zur Neuauflage von Landesbischof Klaus Engelhardt

Daß eine umfassende Dogmatik im Werden war, wußte, wer in den sechziger und siebziger Jahren in das Haus Schlink am Heidelberger Büchsenackerhang kam. Gelegentlich wurde darüber gesprochen. Ökumenisch werde sie sein. Da schlug das Herz des Hausherrn. Um so größer war die Überraschung über das fertige Manuskript einer Erzählung unter dem Titel „Die Vision des Papstes". Die Idee war dem Beobachter der EKD beim Zweiten Vatikanischen Konzil während jener spannenden Jahre in Rom gekommen. Nach den Beratungen im Petersdom schrieb er manchmal in Ostia daran. Erst zehn Jahre später wurde die Erzählung veröffentlicht. Die zeitliche Distanz sollte der Versuchung wehren, den Papst der Erzählung mit einem der Konzilspäpste, auch nicht mit Johannes XXIII., zu identifizieren. Daß ein Vertreter der systematischen Theologie, dem wie Edmund Schlink an der Stringenz theologischer Reflexion lag, eine Vision in den Mittelpunkt der Erzählung stellte, ist ungewöhnlich. In jenen Jahren war zwar viel vom „Prinzip Hoffnung", von Utopien und Visionen die Rede. Aber dies wäre für Edmund Schlink eher ein Grund gegen einen solchen Entwurf gewesen. Modische Zugeständnisse machte er nicht. Die Idee von der Erzählung einer Vision reichte tiefer. Ich vermute, daß der russische Dichter und Religionsphilosoph Wladimir Solowjew (1853–1900) den Anstoß gegeben hat. Ich selbst lernte diese Erzählung im Hause Schlink kennen. Meinen Schwiegervater beeindruckte der kühne Entwurf dieser ökumenischen Vision. Drei Gestalten symbolisieren dort die drei großen christlichen Kirchen: der Staretz Johannes, der Papst Simone Barionini und der Professor Ernst Pauli. Das sind Archetypen solcher Menschen, die in ihrer Gestalt und in ihrem Handeln die Kirchen verkörpern, zu denen sie gehören: die orthodoxe, die römisch-katholische und die reformatorische Kirche. Edmund Schlink hatte an dieser Art, ökumenische Theologie zu treiben, Gefallen gefunden. Vielleicht spürte er, daß für ökumenische Theologie das Narrative ein kongeniales Stilmittel darstellt, wenn über den Status quo hinweg einmal in die Zukunft hinein gedacht und erzählt wird.

Wir sprachen damals darüber, ob die Erzählung unter einem Pseudonym erscheinen sollte. Mein Schwiegervater hielt daran fest aus mehreren Gründen. Er wünschte, daß alle, die die Erzählung lesen würden, beim Nachdenken darüber unbefangener bleiben könnten, als wenn sie sie sofort mit einem theologisch bekannten Namen identifizieren und entsprechend darauf reagieren würden. Die Erzählung sollte nicht von anderen dogmatischen Aufsätzen aus seiner Feder und erst recht nicht von der im Werden begriffenen Dogmatik ablenken, gleichsam als bequeme Ersatzlektüre. Und schließlich hoffte er, wache Zeitgenossen neugierig zu machen, die nicht zur Zunft der Theologen gehörten.

Auf dem Buchdeckel war damals vermerkt: „Sebastian Knecht ist ein Pseudonym. Dahinter verbirgt sich ein prominenter Theologe, der sich in seinem Werk als Intimkenner der gesamten ökumenischen Bewegung ausweist. ‚Knecht‘ wählte er in Gedanken an eine paulinische Selbstbezeichnung und an den Magister Ludi (Josef Knecht) des Glasperlenspiels von Hermann Hesse.“ Die Anspielung auf Hesses Glasperlenspiel ist nicht zufällig. Der Roman ist nicht nur ein Bildungs- oder Entwicklungsroman, sondern hat die Struktur eines visionären Entwurfs; er beschreibt das Glasperlenspiel in der geistigen Kultur Kastiliens im Jahr 2200. Dem Elitären durften aber mit der Anspielung auf Hesses Glasperlenspiel nicht Tor und Tür geöffnet werden. „Knecht“ sollte gleichzeitig an die paulinische Selbstvorstellung erinnern: „Paulus, ein Knecht Christi Jesu ...“ (Röm. 1,1). Knechtsexistenz und Spiel des Lebens – was in der Schwebe bleibt, ist Ausdruck jener Dialektik, die Edmund Schlinks theologisches Denken insgesamt bestimmt hat.

Im Nachwort heißt es: „Eine Vision ist kein Programm, sondern ein Impuls. Sie setzt in Bewegung. So will diese Erzählung zugleich eine Warnung davor sein, daß die Kirchen sich wieder gegeneinander verhärten ...“ Diese Sorge hat Edmund Schlink nicht losgelassen. So war ihm selbst „Die Vision des Papstes“ ein Impuls, beharrlich an seiner Dogmatik weiterzuarbeiten. Acht Jahre später ist diese dann erschienen. Ihr erster Satz lautet: „Eine ökumenische Dogmatik ist ausgerichtet auf das Ganze der Christenheit auf Erden ...“ Die beiden Bücher, so unterschiedlich sie nach Umfang und Genre auch sind, gehören zusammen. Die Erzählung will diejenigen in Bewegung setzen, denen die ganze Christenheit auf

Erden am Herzen liegt. Die „ökumenische Dogmatik" ist dabei unentbehrlich, weil sie die Richtung aufzeigt und den Weg durch das Gelände unübersichtlicher Kirchentümer beschreibt.

Edmund Schlink

Die Vision des Papstes

Erzählung

KAPITEL

Es war ein strahlender Frühlingstag. Warm und doch frisch wehte die Luft durch die Straßen und Plätze von Rom. In wolkenloser Bläue stand der Himmel über der Kuppel der Peterskirche. Vor den Toren des Domes wartete eine Schar von Menschen, die ständig zunahm. Von allen Seiten kamen sie über den Petersplatz und stiegen die Stufen zu den Portalen empor – Alte und Jugendliche, Eltern mit Kindern, Menschen in sonntäglicher Straßenkleidung und in den mannigfachen Trachten der Priester, Mönche und Nonnen –, ein buntes und fröhliches Bild. Alle eilten an diesem Nachmittag zum Petersdom, um an einer Seligsprechungszeremonie teilzunehmen.

Als die Schweizergardisten die Tore öffneten, drängten die Wartenden in die Kirche und suchten sich hinter den Holzschranken, durch die die Aufstellung der Besucher geordnet wurde, jene Plätze, von denen aus sie den Einzug des Papstes möglichst gut sehen konnten. Immer mehr Menschen strömten herein. Die Schritte der Eintretenden, das Plaudern der Wartenden und die Unruhe der Kinder erfüllten den Raum. Schließlich standen Tausende eng gedrängt und voller Erwartung nebeneinander.

Die Spannung erreichte ihren Höhepunkt, als die Scheinwerfer und die unzähligen Kristalleuchter aufflammten. In ihrem Licht begannen die festlichen, purpurroten Verkleidungen der Pfeiler und die darin eingewebten päpstlichen Kronen zu glänzen. Dieselbe dreifache Krone, die den Berninischen Hochaltar im Chor der Peterskirche beherrscht, leuchtete hundertfach von den Wandbehängen dieses festlichen Tages. Der riesige Raum wurde ganz still.

Nach einiger Zeit ertönten vom Eingang her Fanfaren, die den Einzug des Papstes ankündigten. In feierlicher Folge zogen Glieder der Schweizergarde in ihren mittelalterlichen Uniformen in die Kirche ein, päpstliche Kammerherren in der schwarzen spanischen Kleidung, Thronassistenten, Mitglieder der Rota, des päpstlichen Gerichts, Bischöfe und Kardinäle, ein überaus festliches Bild, die Vergegenwärtigung eines höfischen Zeremoniells, durch die Jahrhunderte hindurch gewachsen. Danach wurde hoch über den anderen der Papst am Eingang sichtbar. Auf einem vergoldeten Throne sitzend, wurde er in die Peterskirche hereingetragen. Brausender Jubel erhob sich, lautes Eviva-Rufen und stürmisches Händeklatschen. Das Brausen wurde immer stärker, je mehr sich der Zug durch den Mittelgang nach vorne bewegte.

Alle Augen waren auf den Papst gerichtet, der nach beiden Seiten den Menschen zuwinkte und sie segnete. Der Ausdruck, mit dem er sich den Menschen zuwandte, war gesammelt, ernst und doch zugleich voller Freundlichkeit. Sein Gesicht hatte die einfachen und klaren Züge eines Menschen, der sich sein Leben lang für ein und dieselbe Sache ungeteilt eingesetzt hatte. Als der Papst schließlich an der Tribüne der Diplomaten und Ehrengäste vorbeigetragen war und hinter der Confessio im Chor verschwand, verstummte das Kirchenvolk. Der Gottesdienst begann. Niemand ahnte, daß diese Zeremonie für längere Zeit die letzte sein sollte, die der Papst vollziehen konnte.

Wo das Papsttum so in seinem Glanz in Erscheinung trat, ging noch immer eine starke Faszination von ihm aus, und zwar nicht nur auf die begeisterungsfähigen Italiener, sondern auch auf manche sehr viel nüchternere Besucher aus anderen Ländern. Darüber hinaus kam jedoch in der Art und Weise, wie gerade dieser Papst beim Einzug in die Peterskirche begrüßt wurde, eine ungewöhnliche Verehrung und Vertrautheit zum Ausdruck.

Schon beim Amtsantritt vor vier Jahren hatte man ihm trotz seines Alters besondere Erwartungen entgegengebracht. Nach seinen Studien in Rom hatte ihm, der aus dem sizilianischen Adel stammte, eine glanzvolle Karriere in der päpstlichen Diplomatie offengestanden. Aber er hatte darum gebeten, in der Seelsorgearbeit seiner Heimat eingesetzt zu werden. Er wollte Priester derer sein, von deren Elend er wußte – einem Elend, das nicht nur in der Ausbeutung durch die Großgrundbesitzer, sondern auch im Kampf der Unterdrückten gegeneinander bestand. Dort war er auf eine Verhärtung der Herzen gestoßen, die seine Vorstellungen von dem, was Menschen einander antun können, weit überstieg. Jahrelang schien ihm seine Arbeit vergeblich. Nichts änderte sich. Er sah, daß der christliche Glaube und auch sein eigener Dienst von allen Beteiligten allein zur Rechtfertigung des Bestehenden mißbraucht wurden. Er selbst wurde zur Zielscheibe des Hasses derer, die er in ihrem Gewissen hatte erschüttern wollen. Erst dann, als er schon nahe daran war zu verzagen, durchbrachen Jesu Worte die Hartherzigkeit einzelner, zunächst ganz weniger, dann mehrerer. Einige der Großgrundbesitzer erkannten die zerstörerischen Folgen ihres Handelns im Leiden anderer und in der Sinnleere des eigenen Lebens. Sie erhöhten die Löhne, stellten Land für Siedlungen zur Verfügung und bauten Schulen. Auch einige Fabrikbesitzer erschraken über sich selbst und begannen ihre Arbeiter als Mitarbeiter anzusehen, für deren Wohl sie Gott Rechenschaft schuldeten. Eine tiefe Erschütterung war damals bis in die Reihen der Mafia hinein erfolgt. Viele kehrten sich ab von den Methoden der Erpressung, des Raubens und Mordens und suchten die Versöhnung mit ihren Feinden. Ohne äußere Gewalt, allein durch die Kraft des Evangeliums, war eine Bewegung entstanden, in der die versteinerten Herzen für Gott und füreinander erweckt wurden. Die Bewegung breitete sich über erhebliche Teile Siziliens aus, verwandelte tiefgreifend das Klima des Zusammenlebens und schuf auch neue soziale Ordnungen. Diese Veränderungen hatten damals über Italien hinaus großes Aufsehen erregt. Sie waren später auch der Grund für die Wahl dieses sizilianischen Bischofs zum Papst und für das große Vertrauen, das ihm von vielen entgegengebracht wurde.

Als der Gottesdienst beendet war, wurden wieder die Eviva-Rufe und das Händeklatschen hörbar. Wieder wurde die über dem Kirchenvolk thronende Gestalt des Papstes sichtbar, der im gleichen festlichen Zug durch den Mittelgang der Kathedrale zurückgetragen wurde. Der Jubel wurde immer lauter. Mehrfach ließ der Papst anhalten, um Kindern, die zu ihm emporgehoben wurden, über den Kopf zu streicheln und sie zu segnen. Als er zur selben Pforte zurückgelangte, durch die er zuvor in die Kirche hineingetragen worden war, hielten die Träger an. Die Menge verstummte. Der Papst erhob sich von seinem Thron, breitete seine Arme aus und gab den Tausenden seinen Segen. Dann verließ er mit seinem Gefolge die Kathedrale und wurde durch die Vorhalle hindurch in den vatikanischen Palast getragen.

KAPITEL

Der Papst hatte den Gottesdienst unter Aufbietung seiner letzten Kräfte gehalten. Als der Thron von den Trägern zu Boden gesetzt war und der Papst sich erhob, damit man ihm die schweren liturgischen Gewänder abnehme, brach er zusammen. Einer der Prälaten seines Gefolges fing ihn auf und bettete ihn vorsichtig auf den Boden.

Alle Anwesenden waren zutiefst erschrocken. Man rief nach dem Leibarzt, befreite den Ohnmächtigen von den kultischen Gewändern und beobachtete mit Sorge sein mühsames Röcheln. Noch bevor der Arzt eintraf, kam er jedoch wieder zu Bewußtsein und bat mit schwacher Stimme, in sein Schlafgemach gebracht zu werden. Mit großer Behutsamkeit trug man ihn zu dem Fahrstuhl, der zu seinen Privatgemächern hinauffuhr, und legte ihn dort auf sein Bett.

Zunächst hatte man einen Schlaganfall befürchtet. Aber der Leibarzt stellte fest, daß keine Lähmungserscheinungen vorlagen. Wohl aber ergab die Untersuchung eine schwere Lungenentzündung mit Schüttelfrost und hohem Fieber. So erleichtert die Umgebung dieses Ergebnis aufnahm, so wußte man doch, wie bedrohlich eine solche Erkrankung für einen bereits Zweiundsiebzigjährigen werden konnte.

Sofort gingen die Ärzte mit allen Mitteln gegen die Krankheit an. Die Nachricht von der plötzlichen Erkrankung des Papstes löste in der Öffentlichkeit Erschrecken und Teilnahme aus. Die Kommuniqués der Ärzte wurden mit größter Spannung erwartet und von manchen Zeitungen sogar auf Extrablättern verbreitet. Immer wieder sah man auf dem Petersplatz Ansammlungen von Menschen, die mit ernsten Gesichtern zu den Fenstern hinaufblickten, hinter denen man das Krankenzimmer vermutete, besonders in der Mittagszeit, in der der Papst sich sonst an einem der Fenster zu zeigen und den Angelus mit den Versammelten zu beten pflegte. Beim Kardinalstaatssekretär häuften sich die Telegramme mit den Genesungswünschen der Staatsoberhäupter.

Zwar gelang es, das Fieber durch die Medikamente bald zu senken, aber der Kampf mit der Krankheit war damit noch nicht beendet. Der Kranke lag die meiste Zeit in einem Dämmerzustand, sprach kaum etwas und bat nur ab und zu seinen Beichtvater, ihm aus dem Brevier vorzulesen.

Nach sechs Tagen waren die Ärzte der Überzeugung, daß die Macht der Krankheit gebrochen sei und daß es nun nur noch darum gehe, die große Schwäche zu beheben. Aber ganz überraschend stieg das Fieber von neuem an, und die Atmung wurde immer schwerer. Es erschien fraglich, ob das Herz durchhalten würde. Man mußte mit dem Schlimmsten rechnen.

Als dieser Rückfall bekannt wurde, versammelten sich viele Gläubige in den Kapellen der Peterskirche, um für den Papst zu beten. Nicht wenige Gesichter, auch von Männern, zeigten Tränen. In der Presse wurden schon erste Spekulationen über den Nachfolger angestellt. Ein Sensationsblatt meldete sogar das Abscheiden des Papstes.

Die Umgebung des Papstes veranlaßte, daß ihm die Krankensalbung gespendet wurde. Als dies geschah, war er ganz teilnahmslos. Leise röchelnd lag er mit geschlossenen Augen da und schien die Handlung nicht wahrzunehmen. Als er aber die Salbung empfangen hatte und die meisten Anwesenden schon im Begriff waren, sich wieder zurückzuziehen, bewegte er sich. Er erhob den Kopf, begann sich aufzurichten, indem er sich auf die Ellenbogen stützte, und öffnete die

Augen. Dann richtete er sich weiter auf und hob die Arme empor. Er schaute keinen der Anwesenden an, sondern blickte fest auf einen Punkt oberhalb des Fußendes seines Bettes. Es lag ein Glanz auf seinen Augen, als schaue er eine überirdische Wirklichkeit, die allen Anwesenden sonst verborgen blieb. Dann fielen die Arme wieder herab, der Glanz in seinen Augen erlosch, und er sank in seine Kissen zurück.

Seine Umgebung nahm an, dies sei das Ende. Bald aber zeigte sich, daß er in einen tiefen Schlaf gefallen war. Der Atem und das Herz gingen ruhig und gleichmäßig. Es war der Anfang der Genesung.

Seitdem ging es mit dem Befinden des Papstes langsam aufwärts. Eine ungewöhnliche Schwäche und Müdigkeit blieben allerdings. Ihm selbst war zumute, als käme er aus weiter Ferne zurück in ein Leben, das schon abgeschlossen war. Er schien verwundert, ja, fast enttäuscht, noch in dieser Welt zu sein und nicht in der Ewigkeit. Als ihn nach einiger Zeit der Kardinalstaatssekretär kurz besuchen durfte, um ihm die Glückwünsche des Kardinalskollegiums auszusprechen und auch die eingegangenen Gratulationen der Staatsoberhäupter zu übermitteln, war sein freundlich lächelnder Dank mit einem leisen Schütteln des Kopfes verbunden.

Daran, daß er bereits das Sterbesakrament empfangen hatte, erinnerte er sich nicht, ebensowenig an irgendein besonderes Erlebnis, das ihm dabei zuteil geworden wäre.

KAPITEL

Auch als die Kräfte des Patienten soweit zugenommen hatten, daß er wieder die ersten Schritte tun konnte, war an eine Wiederaufnahme der laufenden Arbeit und der großen Audienzen noch lange nicht zu denken. So drängten die Ärzte darauf, daß er den Lärm und die zunehmende Hitze Roms verlasse und sich zur weiteren Genesung nach Castel Gandolfo, dem päpstlichen Sommersitz am Rande der Albanerberge, begebe. Um ihn zu schonen, geschah der Aufbruch ganz in der Stille, und auch die Ankunft in dem kleinen Städtchen wurde nur von wenigen bemerkt.

In jedem Jahr war der Papst für einige Wochen in Castel Gandolfo gewesen, allerdings erst später, wenn die sommerliche Hitze über Rom voll entbrannt und die Arbeit in der Stadt zum Erliegen gekommen war. Das waren dann seine Ferien. Nur die dringlichsten Angelegenheiten wurden ihm vom Vatikan herübergebracht und zur Entscheidung vorgelegt. Hier konnte er in Ruhe solchen Problemen nachgehen, die eine gründlichere Besinnung erforderten, als dies im angespannten Ablauf des römischen Alltags möglich war. Er las mit großer Sorgfalt neue Veröffentlichungen über Brennpunkte des sozialen und politischen Umbruchs, um klarer zu sehen, welchen Beitrag die katholische Kirche leisten müsse. Hier konnte er auch in größerem Zusammenhang biblische Kommentarwerke studieren und kirchengeschichtliche Neuerscheinungen lesen. Im übrigen empfing der Papst auch hier mancherlei Gruppen von Pilgern. Ab und zu unterhielt er sich mit dem ihm zugetanen kommunistischen Bürgermeister des Ortes über die Probleme der bürgerlichen Gemeinde und freute sich an dem Wiedersehen mit den Kindern der Nachbarschaft, von denen er manche mit Namen kannte.

Freilich, dies alles wäre jetzt für den Genesenden zu anstrengend gewesen. Er mußte viel liegen, und nur ganz langsam konnten seine Spaziergänge im Park des Schlosses weiter ausgedehnt werden. Zur Lektüre wissenschaftlicher Werke fehlte ihm die Kraft. Die vatikanischen Angelegenheiten wurden ihm auf Anordnung der Ärzte vorerst ferngehalten. Nur einmal in der Woche kam aus Rom der Kardinalstaatssekretär, um das Allerdringlichste vorzutragen. Noch viele Wochen fühlte sich der Papst zu schwach, um auch nur einen Teil seiner Pflichten wieder übernehmen zu können. Aber er wußte die laufenden Arbeiten beim Kardinalstaatssekretär auf das beste aufgehoben. Dieser wichtigste Mitarbeiter, gewissermaßen sein Ministerpräsident, war aus der päpstlichen diplomatischen Laufbahn hervorgegangen, hatte die Lage der katholischen Kirche in sehr verschiedenen Ländern aus eigener Erfahrung gründlich kennengelernt und besaß eine glückliche Hand in der Koordinierung der verschiedenen Kongregationen der Kurie, die in etwa den Ministerien einer Staatsregierung entsprechen. Seine Informationen und Ratschläge waren für den Papst, dessen eigene Erfahrungen fast ganz auf Sizilien beschränkt waren, eine unschätzbare Hilfe.

Aber so geduldig sich der Genesende den ärztlichen Anordnungen fügte, die neuen Lebenskräfte erwartete er nicht von den Medikamenten, der guten Luft und der Ruhe, sondern allein von Gott. Er hatte erfahren, daß Gott die Macht hat, aus dem Leben abzurufen, daß er ihm aber unbegreiflicherweise aus eben dieser Macht das Leben wiedergeschenkt hatte. Allein von ihm erwartete er die Kräfte, die ihm fehlten, und die Weisung dafür, wie er sie für den Rest seines Lebens einsetzen sollte. In dieser Hingabe nahm er die täglichen Lesungen und Gebete des Breviers in sich auf. Längst bekannte Worte der Heiligen Schrift begannen neu zu ihm zu reden, als hörte er sie zum erstenmal. Sie blieben nicht Texte aus einer vergangenen Zeit, sondern wurden ihm zu Gottes gegenwärtiger Anrede. Ja, sie wurden ihm zu einer Quelle, die den Durstigen stillte und den Schwachen stärkte. Noch konnte er die Messe nicht wieder selbst feiern. Er konnte die Gabe des Sakramentes nur empfangen. Darin fand er besonders die Kraft der Heilung und die Erschließung einer neuen Zukunft.

Die Zeit vor seiner Erkrankung kam ihm eigentümlich fern und fremd vor. Es war ihm, als seien seit jener Seligsprechung in der Peterskirche, nach der er zusammengebrochen war, viele Jahre vergangen und als sei mit der Krankheit ein Einschnitt erfolgt, den er nicht mehr überspringen könnte. Seine bisherigen Jahre im päpstlichen Amt kamen ihm vor wie das Leben eines anderen. Das seltsame Empfinden, auf ein abgeschlossenes Leben zurückzublicken, das er bereits in Rom unmittelbar nach der Überwindung der Todesgefahr gehabt hatte, blieb auch während der Fortschritte, die seine Genesung in den Monaten seines Aufenthaltes in Castel Gandolfo machte. Es war ihm, als könnte er sein bisheriges Wirken nicht einfach fortsetzen.

Er hatte in seinen früheren Jahren nie daran gedacht, Sizilien zu verlassen. Seine Wahl zum Papst war für ihn eine völlige Überraschung gewesen, und nur aus Pflichtgefühl hatte er sie angenommen. Damals war Italien in großer Gefahr gewesen, vom Kommunismus überrannt zu werden. Da hatte das Kardinalskollegium ihn als den sozialen Bischof auf den Papstthron erhoben. In die vielfältigen Regierungsaufgaben hatte er sich bald eingearbeitet, sich einen Überblick über die Lage der katholischen Kirche in den verschiedenen Ländern verschafft, über das Gefüge der verschiedenen Organe der vatikanischen Verwaltung und über den Stand der schon von seinen Vorgängern begonnenen Reformen. Er war zu einer guten Zusammenarbeit mit den verantwortlichen Leitern und Sekretären der Kongregationen gelangt. Sein besonderes Interesse galt dem Leben der Menschen in Ländern raschen geistigen Umbruchs und großer sozialer Gegensätze. Unablässig war er bemüht, durch Instruktionen und durch persönliche

Gespräche das Gewissen der Nuntien und Bischöfe in diesen Ländern zu schärfen. Inmitten dieser weitverzweigten Regierungsgeschäfte empfand er die großen Audienzen, in denen er das Kirchenvolk in der ganzen Buntheit der Rassen, Nationen, Berufe und Lebensschicksale empfing, als eine Wohltat. Hier begegnete er den Menschen unmittelbar. Im übrigen wäre er nicht Italiener gewesen, wenn er nicht auch Freude an der Pracht der Peterskirche, am glanzvollen Zeremoniell und am Jubel der Gläubigen empfunden hätte.

In der Stille der Genesungszeit blickte er kritisch auf sein päpstliches Wirken zurück. Was hatte er in den vier Jahren seines Pontifikates erreicht? Gewiß, er hatte auf seine sozialen Bemühungen manchen freundlichen Widerhall erfahren, er hatte diplomatische Beziehungen auch mit einigen Staaten aufnehmen können, die der katholischen Kirche bisher ablehnend gegenübergestanden hatten, er hatte die Präsenz der Kirche in der Welt durch die Gründung neuer Bischofssitze und durch ihre Besetzung mit einheimischen Bischöfen stärken können. Auch einige Reformen hatte er weitergebracht. Aber aufs Ganze gesehen hatte sich an der schwierigen Situation der Kirche nichts geändert. Den Prozeß der inneren und äußeren Abwendung vieler Menschen von der kirchlichen Autorität hatte er nicht aufhalten, den Mangel an Priesternachwuchs und Neueintritten in die Orden nicht beheben, weitere Austritte aus dem Priester- und Ordensstand nicht verhindern und den katastrophalen geistlichen Zustand der Millionenstadt Rom nicht wesentlich wandeln können. Die Mitgliederzahl der katholischen Kirche ging im Verhältnis zur Gesamtzahl der Menschheit trotz mancher Erfolge der Mission immer mehr zurück. Die Lage der Katholiken im kommunistischen Machtbereich war nicht besser geworden, und die gewaltsame Loslösung der einst mit Rom unierten Teile der orthodoxen Kirche in der Sowjetunion, in Rumänien und in anderen östlichen Ländern hatte er nicht rückgängig machen können. Weder orientalische noch protestantische Kirchengemeinschaften waren zur katholischen Kirche zurückgekehrt, und die Zahl der konvertierenden Einzelpersonen war nicht angewachsen. Auch die Auswirkungen seines sozialpolitischen Einsatzes schienen ihm von der vatikanischen Propaganda übertrieben und in der Öffentlichkeit weit überschätzt zu sein. Innerhalb der Völker mit schreiender sozialer Ungerechtigkeit und im Verhältnis zwischen den reichen und armen Völkern waren keine tiefergreifenden Verbesserungen erfolgt. Gewiß, sein Wirken hatte dazu beigetragen, die katholische Kirche inmitten der gegenwärtigen Gefahren zu erhalten, aber einen Durchbruch durch die erstarrten Gegebenheiten, eine wirkliche Wandlung und Erneuerung konnte er nicht sehen.

Als der Kardinalstaatssekretär ihn wieder einmal besuchte, sprach der Papst mit ihm ganz offen über die Gedanken, die er sich im Rückblick auf die vergangenen Jahre gemacht hatte. Der Kardinal stimmte zwar der päpstlichen Beurteilung der gegenwärtigen kirchlichen Situation in mancher Hinsicht zu. Er sah genauso die Symptome der Stagnation und eines gewissen Rückganges. Aber er beurteilte das Wirken des Papstes doch sehr anders: „Wir leben in einer Zeit des allgemeinen Schwundes der Autorität der Ämter. Dies gilt auch vom Amt des Papstes. Für viele besteht heute seine Autorität nicht mehr in erster Linie in seinem Amt, sondern in seiner Person. Die Art und Weise aber, wie Eure Heiligkeit regiert haben, hat dem päpstlichen Amt neues Vertrauen und neue Autorität eingebracht. Manche negativen Tendenzen sind gehemmt worden, die sich sonst viel stärker ausgewirkt hätten. Im übrigen bin ich der Überzeugung, daß es in unserer Zeit schon viel bedeutet, wenn die Kirche und das Gefüge ihrer Ämter erhalten bleiben und wenn von ihrem obersten Hirten die bleibenden Wahrheiten des Glaubens und des gesellschaftlichen Zusammenlebens immer wieder verkündet werden, gleich auch, in welchem Umfang die Menschen darauf hören. Es ist mir kein Zweifel, daß die Worte Eurer Heiligkeit in der Weltöffentlichkeit mit einer ganz ungewöhnlichen Aufmerksamkeit aufgenommen und bedacht worden sind."

Der Papst dankte dem Kardinalstaatssekretär für seine gute Meinung. Aber er war durch seine Worte keineswegs beruhigt. Je länger er über die Jahre seines päpstlichen Wirkens nachdachte, desto mehr erschienen sie ihm nicht nur fern und fremd, sondern es erhob sich in ihm eine Unruhe, ob er wohl etwas übersehen hatte, was hätte geschehen müssen und was er versäumt hatte zu tun. Er suchte eine

Antwort auf diese Frage, aber er fand sie nicht. So wurde aus dieser Unruhe im Hinblick auf die Zukunft immer mehr eine Angst. Es war nicht eine Furcht vor einem bestimmten Problem oder Ereignis, dem er sich stellen müßte, sondern eine Angst, deren Bezugspunkt für ihn ungreifbar war, eine unbestimmte Angst, dem ihm zuteil gewordenen Auftrag nicht gerecht werden zu können. Je näher die Wiederaufnahme seiner Arbeit rückte, desto mehr erschien ihm das Papstamt mit all seinen Aufgaben und seiner Machtfülle umfassender, als daß er je, ja, daß überhaupt ein einzelner Mensch es ausüben könnte.

Es überkam ihn die Sehnsucht nach der Zeit, da er ein junger Priester war. Damals war seine Verantwortung auf den Bereich seiner Gemeinde beschränkt gewesen, er hatte den einzelnen Menschen nachgehen, sie ermutigend und warnend begleiten und tiefgreifende Wandlungen erleben dürfen. Auch als Bischof hatte er die Verantwortung für eine begrenzte Zahl von Gemeinden gehabt, die er genau kannte und für die er sich unmittelbar hatte einsetzen können. Es überkam ihn Sehnsucht nach der Seelsorge an den einfachen Leuten, nach der Teilhabe an ihren Freuden und Leiden und nach der Wärme und Liebe, die sich dort inmitten aller Bedrängnisse in so direkter und unkomplizierter Weise geäußert hatte. Und doch wußte er, daß eine Rückkehr unmöglich war.

KAPITEL IV.

Es begann schon der Herbst, als die Ärzte die vollständige Genesung des Papstes bestätigten und seine Rückkehr nach Rom erlaubten. In den letzten Wochen seines Aufenthaltes hatte er bereits außer dem Kardinalstaatssekretär auch andere Kardinäle und Prälaten zu Besprechungen empfangen. Auch einige Pilgergruppen waren wieder vorgelassen worden. So hatte er schrittweise einen Teil seiner Arbeit wiederaufgenommen.

Er brach in Begleitung mehrerer Kardinäle auf, die es sich nicht nehmen ließen, ihn abzuholen und nach Rom zurückzugeleiten. Sogar der italienische Staatspräsident kam ihm entgegengefahren, um ihn vor den Toren von Rom zu begrüßen. Bei seiner Ankunft wurde ihm auf dem Petersplatz ein begeisterter Empfang durch eine große Menge zuteil, und mehrmals mußt er er sich am Abend an seinem Fenster denen zeigen, die nach ihm riefen.

Am anderen Tag nahm er die Arbeit in vollem Umfang auf. Aus allen Zweigen der Kurie ließ er sich genau über das in der Zwischenzeit Geschehene berichten. Dank seiner schnellen Orientierungsgabe und seines guten Gedächtnisses war er bald wieder im Bilde und traf

26

die notwendigen Entscheidungen bei Alternativen, die ihm von den Prälaten mit der Klarheit und Folgerichtigkeit römischen Denkens dargelegt wurden. Die öffentlichen Audienzen waren zwar stärker besucht als je, und es war in den ersten Wochen gar nicht möglich, alle Anträge auf Zulassungskarten zu befriedigen. Als bald nach seiner Rückkehr das beim Heiligen Stuhl akkreditierte diplomatische Corps in einer glanzvollen Versammlung die Glückwünsche zur Wiederherstellung seiner Gesundheit darbrachte, sah er sich von neuem in das Gefüge der internationalen Zusammenhänge seiner Kirche hineingestellt. Und als er wieder das erste Pontifikalamt in der Peterskirche hielt, war bei seinem Einzug die Begrüßung durch das Kirchenvolk noch enthusiastischer als an jenem Tag, an dem er hier vor seinem Zusammenbruch die Seligsprechung vollzogen hatte. Der Papst war glücklich, nun wieder voll im Dienst zu stehen und von der Liebe der Gläubigen getragen zu sein. In dieser Freude waren die Gefühle der Entfremdung, Unruhe und Angst wie Gespenster ver-flogen.

Aber nach einigen Wochen stellten sie sich erneut ein und wurden immer bedrängender. Es war ihm, als sei er als ein anderer in den Vatikan zurückgekehrt und könne seine Aufgabe nicht mehr mit denselben Augen sehen wie zuvor. Es schien ihm, als lebe er inmitten seiner Arbeit ein unwirkliches Leben, getrennt von der Lebenswirk-lichkeit der anderen Menschen. Abgesehen von dem kleinen Aus-schnitt in den Audienzen, erfuhr er von ihrer Situation nur indirekt, durch die Berichte anderer. Selbst die Presse der verschiedenen Län-der konnte er nur anhand von Zeitungsausschnitten verfolgen, die andere für ihn ausgewählt hatten. Nicht mit eigenen Augen konnte er die Millionen, die ihm anvertraut waren, in ihren Problemen und Nöten sehen, sondern fast nur durch fremde Augen. Noch beun-ruhigender aber als diese zwischenmenschliche Distanz war ihm die Frage, ob durch sein Reden und Wirken der lebendige Gott den Menschen in ihrer Wirklichkeit begegnete. Er bezweifelte nicht, daß Gott die Menschen segnete, wenn er ihnen den apostolischen Segen spendete. Aber er wußte, daß Gott durch seinen Geist mehr vollbrin-gen will. Doch wo geschahen die Wunder der Versöhnung und der

Befreiung, durch die das Zusammenleben der Menschen geheilt wurde? Von diesem Wirken Gottes an den Menschen fühlte er sich abgeschnitten.

Dieses Fremdheitserlebnis blieb nicht auf sein eigenes Handeln beschränkt, sondern ließ ihn auch das seiner Mitarbeiter in einem veränderten Licht sehen. Zwar hatte sich in der Kurie seit seiner Erkrankung nichts geändert. Die Arbeit in den verschiedenen Abteilungen dieser großen Behörde ging mit der gleichen Exaktheit und auch mit der gleichen Hingabe der Mitarbeiter weiter. Aber das Ganze schien ihm nun zu selbstverständlich, zu sehr durch Präzedenzentscheidungen früherer Zeiten festgelegt, als daß die lebendige Wirklichkeit der Menschen heute gesehen, geschweige denn erreicht würde. Manchmal kam ihm nun die kuriale Verwaltung vor wie eine hervorragend konstruierte und glänzend funktionierende, aber im Entscheidenden doch leerlaufende Maschine.

Je stärker den Papst solche Empfindungen bedrängten, desto mehr wurde ihm deutlich, daß es hierbei nicht nur um ein verändertes Verhältnis zu seinem eigenen Wirken und zu dem seiner unmittelbaren Umgebung ging, sondern um Bedenken gegenüber dem Gesamtgefüge, in dem er und seine Mitarbeiter sich gemeinsam befanden. Es war seine Sorge, daß die Geschlossenheit des zentralistisch-uniformen Systems den Raum nicht freiließ, den Gottes heutiges Reden zu den Menschen beanspruchte.

Er hatte sich viel mit der Kirchengeschichte beschäftigt. Er kannte die Vorgänge, die zu diesem Zentralismus geführt hatten. Er zweifelte nicht, daß der Kirche ein bleibendes Petrusamt gegeben war. Wohl aber sah er die großen geschichtlichen Veränderungen in der Gestalt dieses Amtes. Er wußte um das allmähliche Hervortreten des römischen Bischofs aus der Gemeinschaft der anderen Bischöfe in den ersten Jahrhunderten, um den erst relativ spät entstandenen Anspruch auf die oberste Leitung aller Kirchengebiete und auf den Gehorsam aller Patriarchen und Bischöfe. Er wußte um die planmäßige Durchsetzung dieses Anspruchs durch das Zurückdrängen und Ausscheiden anderer kirchlicher Traditionen, Liturgien und Rechtsordnungen und schließlich um die vollständige Konzentration aller kirchlichen Gewalt

28

im päpstlichen Amt. Er kannte auch die Methoden, mit denen diese Herrschaft ausgeübt worden war: nicht nur durch Beistand und Mahnungen, sondern auch durch Drohung und Exkommunikationen und sogar durch den Einsatz weltlicher Gewalt. Auch wenn das Papsttum nach dem Zusammenbruch des weströmischen Reiches zum Schutz der Bevölkerung politische Funktionen hatte übernehmen müssen, so rechtfertigte das in seinen Augen nicht, daß es die weltliche Gewalt auch dann festhielt, als eine neue staatliche Ordnung hergestellt war. Er sah einen Mißbrauch des Petrusamtes darin, daß frühere Päpste zur Steigerung ihrer Macht Kaiser und Fürsten gegeneinander ausgespielt oder gar abgesetzt hatten.

Er war froh, daß dies alles vergangen war. Aber war es wirklich vergangen? War nicht die Struktur der Kirche von der Geschichte jener Machtkämpfe her geprägt? War die Gestalt des Papsttums heute von dieser Vergangenheit wirklich frei? Wirkten jene Vorgänge nicht im Zentralismus weiter nach, auch wenn dem Papst die weltliche Gewalt fast ganz genommen war? War die Vergangenheit nicht auch darin gegenwärtig, daß unzählige Menschen die Geschichte des Papsttums kannten und von daher dem päpstlichen Amt mißtrauten? Was mußte er tun, um die Wände zu durchbrechen, die ihn und seine Mitarbeiter von den Menschen trennten und dem im Wege standen, daß Gottes Weisungen in die gewaltigen Umbrüche des Denkens und der sozialen Ordnungen hereinwirkten?

Diese Frage bedrängte ihn um so mehr, als er von der hohen Verantwortung, die ihm sein Amt auferlegte, ganz durchdrungen war. Das Verständnis des päpstlichen Amtes, in dem er von Kindheit an aufgewachsen und auch als Theologe erzogen worden war, blieb für ihn auch jetzt maßgebend, da er selbst als Papst zu regieren hatte: Der Papst ist ja nicht nur der Bischof von Rom, der Primas der Bischöfe Italiens, der Patriarch der westlichen Kirche, sondern der oberste Hirte aller Christen, der Herrscher über die ganze Kirche auf Erden. Er allein hat die „plenitudo potestatis", die Machtfülle, die nicht nur die Vollmacht jedes einzelnen Bischofs oder Patriarchen, sondern auch die der Gemeinschaft aller Patriarchen und Bischöfe zusammen übersteigt. Auch Beschlüsse, die von ihnen allen einstimmig gefaßt würden, wären ungültig, wenn der Papst ihnen nicht zustimmen und sie verkündigen würde. Umgekehrt aber bedürfen seine Entscheidungen bei ihrem Zustandekommen nicht notwendig der Zustimmung der Bischöfe und Patriarchen, um für alle Christen verpflichtend zu sein.

Der Papst war sich bewußt, nach der Lehre seiner Kirche der Stellvertreter Christi in einem ganz spezifischen, unvergleichlichen und umfassenden Sinn zu sein. Im Gehorsam gegenüber Christus, dem Herrn, steht er an Christi Statt der Kirche und der Welt gegenüber. In diesem Sinn gilt der seit dem Mittelalter häufig wiederholte Satz: Christus und der Papst sind nicht zwei Häupter, sondern ein Haupt der Kirche. Hatte Christus Sünden aufgedeckt und vergeben, so hatte er dies fortzuführen. Hatte Christus sich der Hungernden und Durstigen, der Entrechteten und Kranken angenommen, so war dies nun sein Auftrag. War von Christus ein Feuer auf Erden angezündet worden, so mußte nun er dafür Sorge tragen, daß dieses Feuer sich immer weiter ausbreitete und alle Völker ergriff.

Zugleich ist der Papst nach katholischer Lehre der Repräsentant der Kirche. Im Gehorsam gegen ihn hat die Kirche ihre Einheit. In der Folge der Päpste hat sie ihre Kontinuität. Im jeweiligen Papst ist die Einheit aller gleichzeitig lebenden Glaubenden und des durch die Jahrhunderte vorausgegangenen Gottesvolkes konzentriert. Er hat in maßgeblicher Weise die Kirche vor Gott und vor der Welt zu vertreten.

In dieser doppelten Funktion als Stellvertreter Christi und als Repräsentant der Kirche ist der Papst der „Pontifex maximus", der höchste irdische Priester. Seine Vollmacht bedeutet also eine Verantwortung, wie sie kein anderer Mensch zu tragen hat. Von ihm mußten Initiativen ausgehen, durch die die immer undurchdringlicher werdenden Wände durchbrochen würden, hinter denen sich die Menschen gegen Gott und gegeneinander verschlossen.

Unter der Last dieser Verantwortung wurde das Fremdheitserlebnis des Papstes mehr und mehr zu einem Gefühl der Schuld. Zwar war er sich keiner bestimmten Verfehlung in seinem Amt bewußt. Aber die Sorge, irgend etwas ganz Wichtiges zu versäumen, wurde immer bedrängender und verdichtete sich in dem Gefühl, in einer umgreifenden Schuldverflechtung zu stehen. Zwar wußte er, daß nach der Morallehre seiner Kirche die Schwere einer Schuld von dem Maß der Bewußtheit und der Willentlichkeit abhängt, mit der gegen Gottes Gebot verstoßen wird. Insofern konnte er beruhigt sein, denn er hatte keine bewußte Entscheidung gegen seinen Auftrag getroffen. Aber dieses Wissen beruhigte ihn nicht, und je mehr er sich bemühte, durch hingebenden Arbeitseinsatz das Schuldgefühl zu überwinden, desto bedrückender wurde es.

Wie in Castel Gandolfo waren auch jetzt die Eucharistie sowie die Schriftlesungen und Gebete des Breviers die geistliche Grundlage für die Arbeit, die er Tag für Tag zu bewältigen hatte. Aber auch hier vollzog sich eine Veränderung. War in Castel Gandolfo Gottes Wort die Quelle gewesen, aus der er Genesung und neues Leben empfing, so stellte es ihn nunmehr in Frage. Bei der Lektüre der Heiligen Schrift traten immer stärker die Mahnungen und Warnungen hervor, und es trafen ihn die Androhungen des göttlichen Gerichtes. Nicht, als ob er sie zuvor überlesen und nicht ernstgenommen hätte. Nun aber begegneten ihm die Drohreden der alttestamentlichen Propheten gegen die untreuen Hirten und die Weherufe Jesu über die Schriftgelehrten und Pharisäer als Worte, die ihm galten. War er nicht der Knecht des Gleichnisses, der das anvertraute Geld vergraben hatte, so daß es keinen Nutzen brachte und dem daraufhin das Geliehene genommen wurde? War er nicht die Rebe, die dürr geworden war und keine Frucht brachte und die darum abgehauen und verbrannt werden sollte? Immer drohender schienen die zahlreichen Gerichtsankündigungen der Heiligen Schrift sich gegen ihn zu wenden. Mehr und mehr begegnete ihm Christus als Richter – majestätisch und streng.

An seiner Überzeugung von der Wahrheit der Dogmen hatte sich nichts geändert. Daß Jesus Christus für die Sünden der Welt gestorben ist und durch seine Auferstehung neues Leben gebracht hat, stand für ihn unverändert fest. Er zweifelte nicht an dem Wunder der Eucharistie, an der Verwandlung von Brot und Wein in Christi Leib und Blut. Auch von der Heiligkeit der Kirche war er nach wie vor überzeugt, wenngleich sie ihm mehr als früher durch ihre geschichtliche Gestalt verdeckt zu sein schien. Wohl aber war er selbst sich zur Frage geworden. Er bezweifelte nicht, daß er als Christi Stellvertreter eingesetzt war, aber es war ihm sehr zweifelhaft, ob er Christus so diente, daß durch seinen Dienst der Heilswille Christi voll und ganz zur Auswirkung kam.

Der Beichtvater des Papstes, ein älterer Jesuitenpater, suchte ihm diese quälenden Gedanken zu zerstreuen. Er erinnerte ihn daran, daß er selbst ja um keine schuldhaften Taten wisse, in denen er sich gegen seinen Auftrag vergangen hätte. Er stellte ihm ähnlich wie der Kardinalstaatssekretär vor Augen, welche Verdienste er um die Kirche erworben habe. „Gott verurteilt niemanden, der das Beste zu tun bestrebt war. Wenn aber etwas fehlerhaft war, so deckt es Gottes Gnade durch die Absolution und durch das Meßopfer zu." Aber es gelang ihm nicht, das Dunkel zu beseitigen, unter dem der Papst litt.

In diese innere Krise fiel die Feier der fünfjährigen Wiederkehr der Papstkrönung. In einer Prozession mit höchstem Pomp war er damals in einem goldenen Tragsessel von zwölf in Scharlachseide gekleideten Dienern aus der Sixtinischen Kapelle in den Petersdom zur Krönungsmesse getragen worden. Da waren ihm die Worte zugesprochen worden: „Empfange die dreifache Krone der Tiara und wisse, daß du bist der Vater der Fürsten und Könige, der Lenker des Erdkreises, der Stellvertreter Christi auf Erden, dem Ehre und Ruhm sei in Ewigkeit." Jetzt war die Peterskirche wieder geschmückt mit der roten Verkleidung der gewaltigen Pfeiler und den unzähligen Kristalleuchtern. Wieder glänzten Hunderte von Papstkronen in den roten Behängen, wieder bezeugten die Kardinäle dem Papst durch Kniefall ihren Gehorsam und war das diplomatische Corps in Galauniformen anwesend. Das Tedeum erfüllte die Kirche. Der Papst aber litt unter diesem Prunk. Er kam sich durch ihn geradezu verhöhnt vor. Dagegen schien in seinem Leben etwas anderes in Erfüllung gegangen zu sein, was in der Symbolik des Krönungszeremoniells ebenfalls zum Ausdruck gekommen war. Damals nämlich war ihm auch entgegengerufen worden: „Sancte pater, sic transit gloria mundi", „Heiliger Vater, so vergeht die Herrlichkeit der Welt", und dreimal nacheinander war in der Flamme einer Kerze eine Flocke Wolle verbrannt worden.

Die innere Bedrängnis des Papstes nahm in den folgenden Monaten weiter zu. Dem Repräsentanten der Kontinuität und Identität der Kirche wurde die Vergangenheit der Kirche immer bedrohlicher. Sie wirkte nicht nur nach in der Gegenwart, sondern schien in sie hineinzutreten. Längst vergangene Untaten traten ihm so nahe, daß ihm eine Distanzierung von ihnen unmöglich wurde. Bis in die Träume hinein verfolgten sie ihn. So meinte er einmal, mitzuerleben, wie die Kreuzfahrerheere, die zum Kampf gegen die Mohammedaner ausgezogen waren, das orthodoxe Konstantinopel eroberten und dort die Christen mit unerhörter Grausamkeit ausraubten und niedermetzelten. Ein anderes Mal wachte er schweißgebadet auf, weil er die Schreie der auf den Scheiterhaufen verbrannten Juden und Häretiker meinte vernommen zu haben. Es schien ihm, als habe sich die Kirche dieses alles viel zu leicht selbst vergeben und als sei hier eine Schuld geblieben, der auch er selbst sich nicht entziehen konnte – gerade als Papst, als Inbegriff der kirchlichen Identität im Wechsel der Zeit.

Es war ihm, als erlebe er Gottes Gericht über die Geschichte der Kirche, ein Zornesgericht, dem der Nachfolger Petri am wenigsten entgehen konnte.

Was sich in seinem Inneren vollzog, erinnerte ihn an die Zeit, da ihm als jungem Priester etwas Ähnliches widerfahren war. Damals, als er in seiner ersten Gemeinde einen genaueren Einblick in das Elend der ihm anvertrauten Menschen erhalten hatte, überkam ihn eine ähnliche Entfremdung gegenüber den Menschen, mit denen er bis dahin zusammen gelebt hatte – gegenüber seiner eigenen Familie und den anderen Vertretern des besitzenden Adels, aber auch gegenüber seinen Mitpriestern und den Kirchentreuen –, und in alledem zugleich eine Entfremdung gegenüber sich selbst. Er sah die Kirche plötzlich von außen, wie mit den Augen der Enttäuschten, der Unterdrückten und Leidenden. Die ihm so wichtige Liturgie erschien ihm als erbarmungsloser ritualistischer Leerlauf. Er erkannte die Schuld der Kirche, die ihre Aufgabe nicht wirklich wahrnahm und die Armen hinderte, Christus als Erlöser zu erkennen. Vor allem aber sah er seine eigene Schuld. Unsagbar hatte er damals darunter gelitten. Aber in diesem Leiden war der Abstand zwischen ihm und den Unterdrückten geschwunden, und aus diesen Erfahrungen waren jene Predigten erwachsen, denen dann tiefgreifende Veränderungen unter den ihm anvertrauten Menschen folgten. Dasselbe Schuldbewußtsein war nun wieder über ihn gekommen in der Ausweitung, die der universalen Verantwortung seines jetzigen Amtes entsprach. Sollte Gott ihn auch diesmal in einen solchen Zustand hineingestoßen haben, um eine falsche Sicht der Wirklichkeit zu zerstören und ihm die Augen für seine eigentliche Aufgabe zu öffnen?

So sah er nur die Möglichkeit, sich unter Gottes Gericht zu beugen und ihn zu bitten, daß er ihm vergebe und ihm zeige, was jetzt not tue und was er zu tun habe. Noch nie hatte er die Bußpsalmen der Passionszeit mit solcher Inbrunst gebetet, noch nie die Schuld der Juden und Römer an Jesu Passion so ganz als eigene Schuld und die Verleugnung des Petrus als eigene Verleugnung empfunden. Noch nie hatten ihn die Improperien des Karfreitags so erschüttert, jene klagenden Vorwürfe und Fragen Jesu an sein Volk. In der Karfreitagsliturgie hatte er an Christi Stelle die Worte auszurufen: „Mein Volk, mein Volk, was tat ich dir, betrübte ich dich? Antworte mir!"... „Als schönsten Weinberg habe ich dich gepflanzt. Aber du bist mir bitter geworden und hast mit Essig meinen Durst getränkt." „Ich gab dir das Königszepter. Aber du gabst meinem Haupt die Dornenkrone!" „Ich habe dich mit großer Kraft erhöht. Aber du hast mich an den Pfahl des Kreuzes gehängt!" Waren das nicht alles Fragen an die Kirche und Fragen an ihn selbst? War er nur der, der diese Fragen an Christi Statt an andere zu richten hatte? War er nicht der Fragende und der in Frage Gestellte in einer Person – zugleich der, der Christi Klagen und Anklagen aussprach und der Angeklagte? Jeder dieser Anklagen mußte er recht geben.

KAPITEL

Es war am Freitag nach dem Fest der Himmelfahrt Christi. Der Papst hatte in seiner Privatkapelle die Messe gelesen und verharrte nach den letzten Worten auf den Knien im Gebet und in der Betrachtung des Kreuzes auf dem Altar.

Da erblickte er über dem Altar in Lebensgröße die Gestalt eines Menschen: Der Körper ist von Wunden zerfressen. Diese Wunden sind nicht auf die Oberfläche beschränkt, sondern reichen in die Tiefe, ja, es sind Risse, die durch den Körper hindurchgehen und selbst die Muskeln voneinander trennen. Es scheint, als gehe der Blick durch die Risse hindurch ins Leere. Und doch sind die Teile des Körpers nicht gänzlich voneinander getrennt. Sie sind miteinander durch die Adern verbunden, in denen das Blut pulsiert. Die Arme sind ausgestreckt wie die des gekreuzigten Christus. Aber sie sind vom Körper getrennt, und die Gelenke sind nicht ineinander gefügt. Die Teile scheinen frei in der Luft zu schweben, und doch sind sie nicht ohne Zusammenhang. Auch sie sind untereinander durch Adern verbunden, in denen das Blut fließt.

Als der Papst den Blick zum Haupt dieser Gestalt erhob, sah er ein Gesicht mit einem solchen Ausdruck des Leidens, wie er noch nie eines gesehen hatte. Zugleich waren die Augen in einer so durchdringenden Zuwendung auf ihn gerichtet, daß er es nicht aushielt und den Blick senkte. Da vernahm er die Worte: „Das ist mein Leib." Als er die Augen wieder erhob, war die Gestalt verschwunden. Zu sehen war nur noch der Kruzifixus auf dem Altar.

Der Papst war über diese Erscheinung zutiefst entsetzt. Was sollte sie bedeuten? Das Wort, das er vernommen hatte, war ein Herrenwort, dasselbe, mit dem Jesus das Abendmahl eingesetzt hatte und das jeder Priester in der Messe wiederholt. Auch er hatte es an diesem Morgen gesprochen. War die Gestalt, die er gesehen hatte, der Herr?

Der Blick, der ihn getroffen hatte, war von einer unausweichlichen, überwältigenden Macht. Aber die Gestalt, die ihm erschienen war, entsprach nicht dem, was in der Passionsgeschichte der Evangelien überliefert ist. Denn nach ihnen war der Leib Jesu weder am Kreuz noch bei der Abnahme vom Kreuz zerbrochen worden. Auch aus der Geschichte der christlichen Kunst war ihm keine Darstellung des Gekreuzigten bekannt, die dem von ihm Geschauten glich. Er konnte es auch nicht als Darstellung des sakramentalen Leibes Christi verstehen, der in der Eucharistie den Glaubenden gereicht wird. Denn die Gestalt dieses Leibes ist das Brot, die Hostie.

Sollte er das Bild der Kirche gesehen haben, von der der Apostel Paulus gesagt hatte, daß Christus ihr Haupt und sie sein Leib ist? Aber kann der Zusammenhang zwischen dem Haupt und den Gliedern so gestört und kann der Leib Christi so zerrissen sein, wie er es geschaut hatte? Es heißt doch im Epheserbrief: Christus ist das Haupt, „von welchem der ganze Leib zusammengefügt und zusammengehalten wird durch alle sich unterstützenden Gelenke". Ist ein Zerrissensein des Leibes Christi nicht vollends ausgeschlossen, wenn man bedenkt, daß nach den paulinischen Aussagen Christus nicht nur das Haupt des Leibes, sondern Haupt und Leib zugleich ist? Widerspricht dem Geschauten nicht auch der tatsächliche Zustand der Kirche? Der Papst war gewohnt, unter den „Gelenken" des einen Leibes die Ämter der römisch-katholischen Kirche zu verstehen. Diese Gelenke waren nicht zerrissen. Der Zusammenhang zwischen dem Papst und den Bischöfen sowie zwischen diesen und den Priestern und dem

Kirchenvolk war trotz mancher Spannungen durchaus erhalten. Die päpstlichen Weisungen drangen auf dem Wege über diese Ämter bis zu den abgelegensten katholischen Gemeinden. Sollte das innere Gefüge dieser Kirche, sollte ihr Zusammenhang mit Christus so stark gefährdet sein?

Der Papst konnte das Geschaute nicht verstehen. Er war so ratlos, daß er versuchte, sich vom Eindruck der Vision zu lösen. Er wehrte sich gegen das Geschaute, und doch kam er davon nicht los. Denn es war ihm gewiß, daß die Vision nicht in ihm selbst ihren Ursprung hatte, sondern daß ihm in ihr eine Begegnung im eigentlichsten Sinn widerfahren war. Er war gewiß, von einem anderen gestellt und angeredet zu sein: vom Herrn.

Eine Woche später, am Freitag vor Pfingsten, hatte er frühmorgens dieselbe Erscheinung. Als er nach der Messe auf den Kruzifixus schaute, erblickte er über dem Altar abermals jene lebensgroße Gestalt mit ausgestreckten Armen. Wieder sah er den mit Wunden bedeckten und bis in die Tiefe hinein zerrissenen Leib. Er sah Risse, die diesen Leib schlimmer entstellten als die Wunden, die Jesus bei seiner Kreuzigung zugefügt worden waren. Er suchte nach einem gesunden Teil des Leibes, der sich von den anderen Teilen unterscheiden würde. Aber alle waren sie zerrissen und wund. Er suchte nach dem Herzen, von dem der Blutkreislauf durch die Adern in die getrennten Teile des Leibes ausging. Aber es schien ihm ein tiefer Riß auch mitten durch die Brust, ja, durch das pulsierende Herz selbst zu gehen. Wieder sah er die aus ihren Gelenken gerissenen Arme und Hände, die keinem zentralen Willen mehr zu gehorchen schienen, und darüber das Haupt. Wieder erschütterte ihn der Ausdruck des Schmerzes in diesem Angesicht – ein Schmerz, der sich nicht in sich selbst verschloß, sondern der sich ihm zuwandte und in dieser Zuwendung ihn aufdeckte als den Sünder, der selbst eine der Ursachen dieses Schmerzes war. Als der Papst diesmal länger in das Antlitz des Erschienenen schaute, sah er, wie sich die Lippen bewegten, und er hörte die Worte: „Ich will, daß alle eins sind. Tue Buße." Nach diesen Worten senkte der Papst seinen Blick. Als er die Augen wieder erhob, war die Gestalt nicht mehr zu sehen.

Wieder hatte der Papst Worte gehört, die jeder Christ kennt – Worte Jesu, die in den Evangelien überliefert sind. Darum, daß alle eins seien, hatte Jesus vor seinem Tode gebetet: „Ich bitte, daß alle eins seien, wie du, Vater, in mir bist und ich in dir, daß auch sie in uns eins seien, damit die Welt glaube, daß du mich gesandt hast." Diese Bitte war ihm nun als Gebot begegnet.

Blitzartig wurde ihm gewiß, daß er Christus und die Kirche geschaut hatte, freilich nicht Christus und die römisch-katholische Kirche allein, sondern Christus und die gesamte Christenheit. In ihr bestanden tatsächlich Risse, die so in die Tiefe gingen, daß der organische Lebenszusammenhang zwischen den Gliedern zerstört war. Keine einzelne Kirche konnte in sich so zerrissen und zersetzt sein, wie er es geschaut hatte. Wohl aber befand sich die Christenheit als Ganzes in diesem abnormen Zustand. Auch wenn ihre einzelnen Teile meinten, je in sich intakt zu sein und über eine aktionsfähige Ordnung der Ämter zu verfügen, so war doch jedes dieser Teile durch die Trennung von den anderen verwundet und gelähmt. Galt dies ausnahmslos? Er hatte keinen Unterschied zwischen gesunden und kranken, aktionsfähigen und aktionsunfähigen Gliedern des von ihm geschauten Leibes erkennen können. Alle waren verwundet.

Trotz des Zertrenntseins waren die Teile dieses Leibes innerhalb eines gemeinsamen Umrisses, ja, als eine Gestalt erschienen. Trotz der Zerteilung standen sie unter ein- und demselben Haupt. Je länger er über das Geschaute nachdachte, desto überwältigender wurde ihm klar, daß alle Teile des Leibes von demselben Blut durchströmt waren: Christus, dessen Blut am Kreuz vergossen worden war, hat also nicht aufgehört, trotz der Verleugnung der Einheit durch die Christen, die getrennten Teile der Christenheit zu durchbluten und so Leben zu erhalten. Wenngleich die Christenheit die ihr geschenkte Einheit nicht bewahrt hat, hält Christus sie dennoch fest und gibt den Getrennten weiterhin Anteil an seiner Lebenskraft.

Aber konnten die von Rom getrennten Teile der Christenheit überhaupt als Teile des Leibes Christi angesehen werden? Konnten sie wie die römisch-katholische Kirche vom Herzschlag Christi durchblutet sein? Konnten sie zum Leibe Christi nicht erst dann gehören, wenn sie sich in der römischen Kirche einordneten? War nicht sie die gesunde Mitte, der alle anderen Glieder des Leibes zugeordnet waren? Der Papst hatte keinen Teil des Leibes geschaut, der gesund gewesen wäre. Alle Teile waren losgerissen und wund, aber durchblutet von demselben Blut.

Ein Herrenwort war auch der Ruf: „Tue Buße!" Mit dieser Mahnung hatte Jesus zu predigen begonnen, nachdem er vorher sich selbst unter den Bußruf Johannes des Täufers gestellt hatte. Was besagte sie im Zusammenhang mit dem vorausgegangenen Wort? Der Papst hatte noch keine konkrete Vorstellung von dem, was er im Gehorsam gegenüber dem Bußruf für die Einheit der Christenheit tun sollte. Aber er erkannte, daß er die Aufgabe der Einigung vernachlässigt hatte, und er war bereit, sich unter diesen Ruf zu beugen. Er war entschlossen, in der Abkehr von dem gewohnten Nebeneinander der Kirchen alles für die Einheit zu tun, was in seinen Kräften stand.

Schon wenige Tage später, unmittelbar nach dem Pfingstfest, wurde ihm die dritte Vision zuteil. Wieder erblickte er in seiner Privatkapelle nach der Messe die lebensgroße Gestalt über dem Altar. Es war dieselbe, die er bereits zweimal gesehen hatte, und doch war sie verändert: Die Risse im Leib sind verschwunden. Die Glieder sind nicht mehr vom Leib getrennt. Der Zusammenhang zwischen dem Haupt, dem Leib und den Gliedern ist durch nichts mehr unterbrochen. Nur die Narben sind noch sichtbar, die einst der auferstandene Christus den Jüngern gezeigt hatte, die Zeichen der Kreuzigung an den Händen und an den Füßen und die Narben des Lanzenstichs in seiner Seite. Die Arme sind nicht mehr ausgespannt wie am Kreuz, sondern erhoben zum Segen. Die ganze Gestalt ist nun heil, und es geht von ihr ein Glanz aus, der die Lichter der Kerzen auf dem Altar überstrahlt. Am hellsten strahlt das Angesicht, so hell, daß es kaum möglich ist, in diesen Glanz hineinzuschauen. Der Papst erblickt ein Antlitz von einer überwältigenden Hoheit und Schönheit. Es ist zugleich das vertrauteste Antlitz, das er je gesehen hat. Der Ausdruck der Qual ist gänzlich aus ihm gewichen. Es wendet sich ihm zu, nicht mit dem Blick eines Richters, sondern dem eines Liebenden. Er vernimmt die

Worte: „Friede sei mit dir! Stärke deine Brüder! Folge mir nach!" Nach diesen Worten wächst die Gestalt in alle Richtungen, in die Höhe und in die Breite und in die Tiefe. Sie erfüllt den ganzen Raum der Kapelle, ja, sie durchbricht die Grenzen dieses Raumes. Die Wände und das Gewölbe entschwinden. Die Gestalt scheint in das All hineinzuwachsen.

Von diesem Glanz auf allen Seiten umgeben, hatte der Papst die Augen geschlossen. Sein Haupt und seinen Oberkörper beugte er tief hinab. Er sank vor den Stufen des Altars zu Boden und lag da in der Haltung der Anbetung, in der er einst seine Priesterweihe und später seine Bischofsweihe empfangen hatte. Er war von dieser Vision nicht nur erschüttert, sondern zutiefst beglückt. Hier trat ihm Christus nicht nur gegenüber, sondern erfüllte ihn und nahm ihn hinein in seine siegreiche Lebensbewegung. Als er die Augen wieder öffnete, sah er nur das Kreuz auf dem Altar und die Kerzen.

Mit dem Friedensgruß hatte der Auferstandene einst die Jünger gegrüßt und die Gemeinschaft mit ihnen wiederaufgenommen, die durch ihren Unglauben angesichts des Kreuzes zerbrochen war. Mit diesem Gruß wußte nun auch der Papst sich von Jesus aufs neue angenommen. Friede und Freude zogen in sein Herz, die Qualen der letzten Monate fielen von ihm ab. Mit dem Wort „Stärke deine Brüder!" hatte Jesus einst Petrus seinen Auftrag gegeben. Mit diesen Worten wußte sich der Papst in seinem Petrusamt bestätigt. Der Ruf zur Nachfolge stellte ihn in die Gemeinschaft aller Jünger, und er bedeutete zugleich die Aufforderung, das Kreuz auf sich zu nehmen. Der Papst hatte gefunden, was er seit seiner Krankheit vergeblich gesucht hatte. Es war ihm, als sei eine Blindheit von ihm genommen, als seien ihm die Augen für die Aufgabe geöffnet worden, die er bisher in einer ganz unbegreiflichen Weise nicht oder doch nur ganz am Rande gesehen hatte. Es war ihm gewiß, daß er das Leben noch einmal empfangen hatte, um es hinfort für diese Aufgabe einzusetzen: die Einigung der Christen.

Wie sollte er das tun? Wie sollte er das vollbringen, woran schon so viele vor ihm gescheitert waren? War das Gebot: „Ich will, daß alle eins sind!" nicht eine unerfüllbare Forderung?

Aber wen hatte er denn gesehen? Den gekreuzigten Christus, der vom Tode auferstanden ist, der lebt! Hatte er nur ihn gesehen? Gibt es jetzt überhaupt noch Christus allein, Christus ohne die Kirche? War Christus durch die Spaltungen der Christenheit zerrissen, sollten dann diese Spaltungen mächtiger bleiben als seine Einheit? Hatte er nicht auch Christi geheilten Leib gesehen, die Kirche, die zur Einheit unter dem Haupte wieder zusammengewachsen war? So verstand er die dritte Erscheinung als Verheißung. Das Gebot „Ich will, daß alle eins sind!" blieb nicht als eine unerfüllbare Forderung über ihm. Vielmehr war es ihm in der Kraft göttlicher Erfüllung begegnet, getragen von der Gegenwart Christi in den getrennten Teilen der Christenheit und von der Verheißung der Heilung dieser Spaltungen.

Dies war die letzte Vision, die dem Papst zuteil wurde. Auch in seinem späteren Leben folgte keine weitere. Da jede der drei Erscheinungen mit einer Anrede verbunden war, muß hinzugefügt werden, daß dies auch die letzte Audition im Leben des Papstes war.

KAPITEL

Aus der Umgebung des Papstes hatte niemand etwas von den Visionen bemerkt, auch nicht sein Privatsekretär, der ihm bei den Messen in der Privatkapelle als Ministrant zu dienen pflegte. Er hatte nur gesehen, daß der Papst nach der Messe länger als sonst den Kruzifixus betrachtete und daß er am Tage nach Pfingsten nochmals niedergekniet und längere Zeit gebetet hatte. Der Papst hatte seiner Umgebung auch nichts von den Visionen gesagt. Er erinnerte sich an die Verlegenheiten, die entstanden waren, als eine italienische Illustrierte durch Indiskretion von der Christusvision eines seiner Vorgänger, Pius XII., erfahren und darüber der Weltöffentlichkeit berichtet hatte.

Nur seinem Beichtvater vertraute er seine Erlebnisse an, so wie er ihm auch zuvor die Nöte der vergangenen Monate anvertraut hatte. Der Pater war von dieser Eröffnung nicht überrascht. Er hatte sich seit jener Krankheit mancherlei Sorgen um den Papst gemacht und sich darum bemüht, für seinen inneren Zustand eine Erklärung zu finden. Aber er war zu keiner völligen Klarheit gelangt. Natürlich lag es am nächsten, an eine Nachwirkung der Krankheit oder an eine neue Erkrankung zu denken. Die ärztlichen Untersuchungsergebnisse aber und die Leistungsfähigkeit des Heiligen Vaters hatten ihn diese Deutung bezweifeln lassen. Er hatte auch versucht, die Krise des Papstes als Anpassungsschwierigkeiten zu verstehen, die sich aus der Übersiedlung von Sizilien nach Rom und dann aus seinem längeren Herausgerissensein aus der römischen Tätigkeit ergeben hätten. Aber auch diese Erklärung erschien ihm nicht ausreichend. Was der Papst durchlitten hatte, erinnerte ihn noch am ehesten an die Zustände der „Dürre", der „Trockenheit", der „Wüste", an das eigentümliche Entschwinden der Gewißheit göttlicher Gnade, wie er sie aus der Geschichte der Mystik kannte. Dort sind auch Visionen keine Seltenheit. Allerdings hatte er beim Papst keine eigentlich asketischen Züge entdeckt, wie sie für Mystiker fast immer charakteristisch sind.

War der Beichtvater in den Monaten zuvor unsicher gewesen, wie er den Zustand des Papstes zu beurteilen hatte, so wußte er jetzt ganz klar, was er ihm sagen mußte. Wie jeder katholische Seelsorger sah er sich verpflichtet, gegenüber Berichten von Visionen äußerst kritisch zu sein. Zwar ist die Kirchengeschichte voll von visionären Erlebnissen, aber die Kirche rechnet im großen Umfang mit natürlich-seelisch bedingten Visionen und unterscheidet sie von echten, übernatürlichen Erscheinungen. Sie rechnet damit, daß die meisten derartigen Erlebnisse keinen übernatürlichen Ursprung haben. Zwar sprachen für die Echtheit der Visionen des Papstes seine Integrität und Frömmigkeit. Jedoch ein Beweis für die Echtheit war damit nicht gegeben. Das Urteil darüber stand auch keinem einzelnen, auch nicht dem Beichtvater zu, sondern konnte nur das Ergebnis sehr gründlicher Untersuchungen besonders eingesetzter kirchlicher Instanzen sein. Selbst im Fall einer positiven Beurteilung und einer Anerkennung ihrer Echtheit würde nach der Lehre der katholischen Kirche ausnahmslos gelten, daß solche Visionen nur die Bedeutung von Privatoffenbarungen haben. Diese aber können nie den Rang einer die Kirche verpflichtenden Offenbarung bekommen, auch nicht Privatoffenbarungen eines Papstes. Die kirchliche Lehre ist allein aus Schrift und Tradition zu erheben. Mit allem Nachdruck wies der Beichtvater den Papst darauf hin und ermahnte ihn, sich in seinem

Reden und Handeln nicht auf die Visionen, sondern allein auf die Heilige Schrift und die Tradition zu verlassen.

Der Papst dankte dem Pater für diese Ermahnung und gab ihm ohne Zögern recht: „Es ist mir völlig klar, daß ich diese Visionen nicht als Begründung für mein kirchliches Reden und Handeln geltend machen kann. Aus Privatoffenbarungen kann in der Tat keine Lehre der Kirche abgeleitet werden. Die Begründung der kirchlichen Lehre ist abgeschlossen und steht in der apostolischen Überlieferung ein für allemal fest. Die Erscheinung, die mir zuteil wurde, erhebt auch gar nicht den Anspruch, etwas anderes zu sagen als diese Überlieferung. Sie hat nur auf sie hingewiesen und mir bestimmte Inhalte derselben neu vor Augen gestellt. Es waren keine neuen Worte, die ich vernommen habe, sondern Herrenworte, die in den neutestamentlichen Schriften überliefert sind. Außerdem waren es die Aussagen des heiligen Paulus über die Einheit des Hauptes Christi mit seinem Leib, der Kirche, die mir dadurch unüberhörbar gemacht wurden. So bedeuten die Visionen für mich die Verpflichtung, tiefer in die apostolische Überlieferung einzudringen, in ihrem Lichte die heutige Wirklichkeit der Christenheit klarer zu erkennen und mich selbst zu fragen, ob ich nicht wichtige Forderungen, die sich vom apostolischen Kirchenverständnis her ergeben, bisher überhört habe."

Er fügte hinzu: „Ich kann nicht in Frage stellen, was ich gesehen und gehört habe. Was ich sah, kam nicht aus mir selbst, sondern ist mir begegnet. Ich kann nicht bezweifeln, daß mir der Herr erschienen ist und mir seine Weisungen zugerufen hat. Wohl aber werde ich mich zu fragen haben, ob ich seine Erscheinung und Weisung richtig verstanden habe – welches die Teile des Leibes Christi außerhalb der römisch-katholischen Kirche sind und welche Schritte ich tun muß, um das Gebot der Einigung zu erfüllen. Ich kann zunächst nur sagen, ich bin von ganzem Herzen bereit zur Buße und zur Nachfolge. Aber ich weiß noch nicht, in welchen konkreten Entscheidungen ich diese Buße und Nachfolge vollziehen soll. Ich werde da noch viel forschen und beten müssen. Ich werde die apostolische Überlieferung und die heutige Situation der Christenheit sehr sorgfältig durchdenken müssen."

Nach einer Pause fuhr er fort: „Ist es nicht eigentlich beschämend, daß Gott sich dieser Vision bedienen mußte, um mir etwas so Selbstverständliches bewußt zu machen? Ständig beschäftigt uns die Zerrissenheit der Menschheit. Ständig stehen uns die Gegensätze zwischen den östlichen und westlichen politischen Systemen, zwischen den reichen Industrienationen der nördlichen und all den armen Völkern der südlichen Hemisphäre sowie die Gegensätze zwischen den Rassen vor Augen. Ständig rufen wir zur sozialen Gerechtigkeit und zum Frieden auf und verkündigen Christus als den Bringer des Friedens. Aber kann diese Botschaft Glauben finden, wenn die Christen selbst gegeneinander stehen und der Frieden über sie nicht herrscht? Müßte die Christenheit nicht ein Vorbild für die Überwindung der Gegensätze sein, an denen die Welt heute leidet und durch die sie an den Abgrund des Unterganges geraten ist? Schon immer war doch im Johannesevangelium zu lesen, daß es der Wille Christi ist, daß die Welt auf Grund der Liebesgemeinschaft der Glaubenden die Liebe Gottes erkenne. Wie wenig haben wir dafür getan, die Kirchenspaltungen zu überwinden!"

KAPITEL

In der Zeit nach den Visionen kam der Papst sich vor, als sei er noch einmal jung geworden. Das Grübeln hatte ein Ende gefunden. Von der Last der Schuld wußte er sich befreit. Der Friedensgruß des Auferstandenen hatte beseitigt, was ihn von Gott getrennt hatte. Die Zukunft war ihm nicht mehr verschlossen, sondern weit geöffnet. Sein Amt war ihm nun nicht mehr Last, sondern Bevollmächtigung und Sendung. Christus hatte die Verantwortung übernommen. Er war voll Zuversicht und Tatendrang.

Aber was wußte er denn von den Kirchen, die außerhalb der römischen Kirche bestanden und deren Glieder etwa die Hälfte der Christenheit ausmachten? Sehr wenig, so gut wie nichts. Er erinnerte sich zwar an das, was er während seines Studiums in den Vorlesungen über die wichtigsten Unterschiede in den Dogmen und im Kirchenrecht gehört hatte. Er hatte auf Grund seiner eigenen Studien auch eine genauere Vorstellung von der Entstehung der Kirchentrennungen und den sich anschließenden Auseinandersetzungen und Kämpfen. Aber er kannte keine andere Kirche aus eigener Erfahrung. In Sizilien hatte er keine Gelegenheit dazu gehabt. Selbst von den Waldensern, einer kleinen, in Italien beheimateten christlichen Gemeinschaft, die sich bereits im Mittelalter von der katholischen Kirche getrennt und dann der Reformation angeschlossen hatte, wußte er nur vom Hörensagen. Auch den unterschiedlichen sozialen Auswirkungen der verschiedenen Konfessionen war er nie weiter nachgegangen. Es wurde ihm klar, daß er für die Aufgabe, vor die er sich gestellt sah, ganz unzureichend ausgerüstet war.

So suchte er genauere Informationen bei seinen Mitarbeitern in der Kurie. Aber die meisten schienen ihm weniger an den anderen Kirchen und christlichen Gemeinschaften an sich als an ihrer Beziehung zur römisch-katholischen Kirche interessiert: an dem Kräfteverhältnis, das zwischen ihr und ihnen in den verschiedenen Ländern bestand, an der Minoritäts-, Majoritäts- oder auch Paritätssituation und an den Möglichkeiten, die sich daraus für die katholische Kirche ergaben. Auf ein tiefergehendes Interesse an der Einigung mit anderen Kirchen stieß er selten.

Das Interesse blieb mehr auf gelegentliche gemeinsame Aktionen in der Abwehr staatlicher Übergriffe und auf die Beeinflussung der Gesetzgebung, vor allem in den Bereichen des Familienrechtes und des Schulwesens, beschränkt. Eine besondere Stellung nahm die Kongregation für die orientalischen Kirchen ein. In ihr befaßte man sich genau mit den liturgischen und kirchenrechtlichen Besonderheiten der östlichen Christenheit. Aber auch die mit Rom unierten Teile der orientalischen Kirchen hatten immer wieder darüber geklagt, daß sie sich mit ihrer besonderen Spiritualität von der Kurie nicht verstanden fühlten, sondern einer latinisierenden Überfremdung unterworfen würden. Die größte Bereitschaft, über konventionelle Fragestellungen hinaus zur Gemeinschaft mit den anderen Kirchen vorzustoßen, fand er bei den Mitarbeitern des Sekretariats zur Förderung der christlichen Einheit. Aber dieses Sekretariat war damals personell schwach besetzt, hatte nur geringe Möglichkeiten, eigene Initiativen zu entfalten, und wenig Einfluß im Ganzen der Kurie.

Der Papst suchte auch den Gedankenaustausch mit einigen Professoren, die in Rom an den päpstlichen Universitäten und Instituten über die anderen christlichen Kirchen und Gemeinschaften lehrten.

In den Gesprächen, zu denen er sie einlud, erhielt er die gründlichsten Auskünfte über die bestehenden dogmatischen und kirchenrechtlichen Unterschiede, über ihre Entstehung, Fixierung und Geltung und auch über die neueren theologischen und kirchlichen Entwicklungen. Hier empfing er viele Hinweise, die ihm sehr wichtig waren und ihm weiterhalfen. Aber es schien ihm, als sei die Wirklichkeit der anderen Kirchen doch noch zu sehr von außen gesehen, mit einseitigem Interesse an den Übereinstimmungen und Unterschieden zwischen ihnen und der römisch-katholischen Kirche. Auch wurde bei dieser Betrachtungsweise nicht deutlich, wovon diese Kirchen geistlich lebten und was sie zusammenhielt – woher sie die Impulse hatten, sich erfolgreich missionarisch auszubreiten und das soziale Gefüge ihrer Umwelt umzuformen –, vor allem aber, woher sie die Kraft hatten, in Zeiten der Unterdrückung und Verfolgung Christus zu bezeugen und für dieses Zeugnis zu leiden. Hatte doch nicht die römisch-katholische, sondern die von ihr getrennte orthodoxe Kirche in der neueren Zeit die schwersten Christenverfolgungen durchlitten, die schwersten seit der Zeit der alten Kirche. Zwar war im theologischen Lehrbetrieb der alte Stil der Polemik weitgehend überwunden, aber trotzdem schien ihm die geistliche Lebensmitte der anderen Kirchen noch nicht wirklich erfaßt. Man suchte in ihnen noch zu sehr nach dogmatischen und rechtlichen Elementen der römisch-katholischen Kirche, und je nach dem Umfang, in dem sie festgestellt wurden, bewertete man solche Kirchen positiver oder negativer.

Darum bemühte sich der Papst, mit eigenen Nachforschungen der Wirklichkeit der nichtkatholischen Christen näherzukommen. Am liebsten hätte er die anderen Kirchen persönlich aufgesucht, an ihren Gottesdiensten teilgenommen und sich mit ihren Bischöfen und Pfarrern, besonders aber auch mit ihren Laien unterhalten. Aber dies war ihm bei seiner Stellung unmöglich, ganz abgesehen davon, daß es in Rom außer den Waldensern nur Auslandsgemeinden nichtkatholischer Konfessionen gab, die keinen hinreichenden Einblick in die hinter ihnen stehenden großen Heimatkirchen vermittelten. So suchte der Papst die Informationen, die er in Gesprächen mit Prälaten und

Professoren sowie mit auswärtigen Besuchern erhielt, durch eigene Quellenstudien zu ergänzen. Mit der gleichen Entschlossenheit, mit der er einst der Verelendung der Landarbeiter und Arbeitslosen seiner sizilianischen Gemeinde nachgegangen war, suchte er nun das Elend der gespaltenen Christenheit zu ergründen. Er ging mit der ihm eigenen Wachheit und Gründlichkeit vor, mit Fragestellungen und Methoden, die nicht konventionell waren.

Selbstverständlich zog er auch die in den anderen Kirchen gebräuchlichen Lehrbücher der Dogmatik, der Moraltheologie, der Liturgik und des Kirchenrechtes zu Rate. Aber sie waren nicht sein eigentlicher Ausgangspunkt. Vielmehr bemühte er sich um das tatsächliche Leben der anderen Kirchen, und zwar in der doppelten Dimension, in der sich jedes kirchliche Leben vollzieht: in der Zuwendung zu Gott und in der Hinwendung zu den Menschen. So beschaffte er sich aus den verschiedenen Bereichen der Christenheit Gottesdienstordnungen, Choral- und Gebetbücher, Andachts- und Predigtbände sowie Katechismen, Lebensordnungen, Hirtenbriefe und öffentlich-kirchliche Erklärungen zu Mißständen im eigenen Land und im internationalen Bereich. Ihn interessierten weniger die Dogmen als solche, als das, was von ihnen in der Verkündigung und der Frömmigkeit der Kirchen lebendig war, auch weniger die kirchenrechtlichen Bestimmungen als solche, als das Leben, das sich innerhalb dieser Bestimmungen faktisch vollzog. Die Texte, die er für seine Fragestellung benötigte, fand er nur zum Teil in der Vatikanischen Bibliothek. Vieles mußte ihm ein Sekretär von auswärts besorgen. Auch Schallplatten und Filme zog er heran, um einen möglichst anschaulichen Eindruck vom Leben der anderen Kirchen zu erhalten. Von dem Studium der Gegenwart ging er dann zurück zu den historischen Quellen aus der Ursprungszeit der verschiedenen Spaltungen. So stieß er auch auf die Frühschriften Martin Luthers und war wohl der erste Papst, der Zitate daraus nicht nur zur Kenntnis nahm, sondern mehrere dieser Schriften als ganze studierte. Bei alledem war es ihm von großem Nutzen, daß er infolge der Verflechtung seines Elternhauses mit dem europäischen Adel schon als Kind die französische, englische und deutsche Sprache erlernt hatte.

Diese Quellen las er keineswegs unkritisch. Er war durchaus nicht der Meinung, daß alles, was sich christlich nannte, auch christlich war, und rechnete sehr wohl mit der Möglichkeit von Häresien. Ja, er war tief von der Überzeugung durchdrungen, daß die Kirche nie ohne den Schatten der Häresie existiere und daß sie von immer neuen Irrlehren bedroht sei. Aber er forschte als ein Mensch, der aus den Selbstverständlichkeiten seines Denkens herausgerissen und an den Rand des Grabes gestellt worden war, als einer, der in der Einsamkeit vor Gott gestanden hatte. Er fragte ganz elementar nach dem letztlich allein Entscheidenden in den anderen Kirchen und christlichen Gemeinschaften: Wird dort das Heil bezeugt, gespendet, empfangen? Als einer, der unzählige Male in der Messe gebetet hatte: „Ich bin nicht würdig, daß du eingehst unter mein Dach, aber sprich nur ein Wort, so wird meine Seele gesund", suchte er nach diesem einen gesundmachenden Wort in den getrennten Teilen der Christenheit, nach dem Wort, durch das Gott Menschen annimmt, ihre Schuld beseitigt, sie erneuert und in den Dienst nimmt. Wie er als junger Priester mit der elementaren Sehnsucht der Armen, der Entrechteten und Unterdrückten solidarisch geworden war, so fragte er auch jetzt nicht als ein Reicher und Unangefochtener, sondern solidarisch mit denen, die als Verzagte und doch Sehnsüchtige nach Gott schrieen.

Indem er dies tat, blieb er nicht beim Vergleichen zwischen der katholischen und den anderen Kirchen stehen, und sein Interesse blieb nicht an der Quantität der „Elemente" haften, die diesen mit ihr gemeinsam sind. Vielmehr trat er aus dem in vielen Jahrhunderten gewachsenen und festgefügten Gehäuse seiner Kirche hervor mit der Frage nach dem Einen, von dem alle Christen von Anfang an gelebt haben und zu allen Zeiten leben werden. Es ging ihm nicht um ein Minimum, sondern um das Maximum, um das Eine und Ganze, nämlich um die Gegenwart Christi. So forschte er unermüdlich, Tag für Tag, Monat für Monat. Er ließ sich immer mehr Texte kommen und saß über ihnen nach den Geschäften des Tages bis tief in die Nacht. Oft konnte man bis zum frühen Morgen das Licht in seinem Studierzimmer brennen sehen.

Bei diesen Studien erlebte er viele Überrraschungen. Zunächst sah er die großen Unterschiede zwischen den Kirchen. Vieles kam ihm sehr fremd, verkürzt oder auch übertrieben, manches abwegig und mit der Lehre seiner Kirche ganz unvereinbar vor. Je mehr er aber nicht nur auf die dogmatisch und juristisch fixierten Elemente, sondern auf das Leben der anderen Kirchen blickte, desto mehr veränderten sich viele der ersten Eindrücke, und auch von solchen Übereinstimmungen und Unterschieden, wie sie in den Lehrbüchern der vergleichenden Konfessionskunde als selbstverständlich galten, hielten manche seiner Überprüfung nicht stand. So stieß er auf Eigentümlichkeiten der ostkirchlichen Frömmigkeit, die es verständlich machten, weshalb sich die orthodoxe Kirche trotz weitgehender dogmatischer Übereinstimmungen mit der römisch-katholischen Kirche doch gegen sie und das Papsttum so hartnäckig wehrte. Andrerseits entdeckte er inmitten der größeren dogmatischen Unterschiede, die zwischen seiner Kirche und den Reformationskirchen bestanden, unerwartete Gemeinsamkeiten, die sich für die Frömmigkeit und das Denken aus dem gemeinsamen Erbe Augustins ergeben hatten. Je länger er nach dem Entscheidenden fragte, von dem her die Christen in den getrennten Kirchen lebten, und je intensiver er sich mit ihren Glaubenszeugnissen, mit ihren eucharistischen Gebeten, mit ihren Reform- und Erweckungsbewegungen, mit ihren missionarischen, diakonischen und sozialpolitischen Aktivitäten und mit ihrem Verhalten in den Verfolgungszeiten befaßte, desto deutlicher erkannte er das Eine, das sich in verschiedenen Gestalten vollzog. Es wurde ihm unausweichlich gewiß, daß diese Kirchen trotz ihrer Trennung und Gegensätze aus der Kraft desselben Christus lebten, dessen Gegenwart ihm von Jugend an in der römisch-katholischen Kirche gewiß war.

Je klarer er dieses Wirken Christi erkannte, desto niedriger wurden ihm die Mauern zwischen den Kirchen. Viele Unterschiede bekamen nun eine neue Bedeutung. Sie standen einander nicht mehr exklusiv gegenüber, sondern schienen sich gegenseitig zu korrigieren, zu ergänzen und dieselbe göttliche Heilstat in der Mannigfaltigkeit geschichtlich gewordener Gestalten zu bezeugen. Er sah die anderen christlichen Gemeinschaften nicht mehr nur als Abfallprodukte seiner Kirche, sondern erkannte, daß sie auf demselben Grund Bestand hatten wie die katholische Kirche, nämlich auf Christus und den Aposteln. Er entdeckte eine Einheit in der Mannigfaltigkeit, die die Einheit jeder einzelnen Kirche weit überschritt, und sein Blick wurde geöffnet für eine Katholizität, die die Vielfalt der Kirchen umgriff. Es schien ihm ausgeschlossen, daß die Identität des gegenwärtigen Christus nicht stärker war als die Unterschiede zwischen den Kirchen und daß sie sich ihnen gegenüber nicht durchsetzen würde. Alle diese Entdeckungen beglückten ihn zutiefst.

Was aber war aus dieser Einheit geworden? Was sich ergänzen und korrigieren sollte, war auseinandergefallen, und an die Stelle der Einheit in der Mannigfaltigkeit war der Eifer für die Abgrenzung und für die Selbstbehauptung von Teilen getreten. Viele Kräfte der Kirche waren dadurch in verkehrte Richtungen gelenkt worden. An Stelle des Christuszeugnisses vor der Welt war weithin der Nachweis der Irrtümer der anderen Kirchen und an Stelle des Dienstes an der Welt war der Kampf der Kirchen gegeneinander getreten. Je mehr er die Einheit in Christus erkannte, desto widernatürlicher erschienen ihm die Trennungen. Viel stärker als zuvor sah er ihre schädlichen Auswirkungen auf die Christenheit selbst und auf ihre Umwelt. Mehr und mehr erschienen ihm die historischen Gründe der Trennungen unzureichend, ja, letztlich unverantwortbar. Wieviel sachfremde Faktoren, kirchliche und politische Machtansprüche, kulturelle Gebundenheit und theologische Engführungen, wieviel Rechthaberei hatten dabei mitgewirkt! So empfand er die bestehenden Kirchentrennungen mehr und mehr als Schuld aller Kirchen. Besonders aber empfand er die Schuld seiner eigenen.

Im Verlauf der weiteren Untersuchungen wurde dem Papst deutlich, daß er nicht der erste war, der das Wirken Christi in den getrennten Kirchen erkannte und unter der Schmach der Trennungen litt. Er entdeckte die historischen Gestalten, die im Verlauf der Kirchengeschichte immer wieder zur Einigung gerufen hatten. Er stieß auf die Geschichte der neueren ökumenischen Bewegung. Er studierte auch hier die Quellen: die Beschlüsse der großen ökumenischen Kirchenversammlungen, ihre Appelle an die Christenheit und an die Welt und las auch mehrere ihrer dogmatischen und sozialethischen Studien. In sehr eindrücklicher Weise fand er hier die Erfahrung der Einheit in Christus immer wieder öffentlich bezeugt. Die Einheit in der Mannigfaltigkeit war auch hier entdeckt und manche trennende Mauer bereits niedergelegt worden. Mit neuen Augen las er nun auch das Ökumenismusdekret des Zweiten Vatikanischen Konzils. Er bemerkte die großen Möglichkeiten, die sich darin für die ökumenische Öffnung seiner Kirche ergeben hatten. Er ließ sich manche Akten des vatikanischen Sekretariats für die Förderung der christlichen Einheit kommen und studierte die Berichte über theologische Gespräche, die von diesem Sekretariat nach dem Konzil mit anderen Kirchen geführt worden waren. Er staunte darüber, in welchem Umfang hier traditionelle Gegensätze, selbst in so umstrittenen Fragen wie der Eucharistie und des kirchlichen Amtes, bereits in ein neues Licht getreten waren und ihre kirchentrennende Schärfe verloren hatten. Um so mehr verwunderte es ihn, daß dann doch im Verhältnis zwischen der römisch-katholischen und den anderen Kirchen keine wesentlichen Veränderungen erfolgt waren. Er verstand nicht, weshalb der Ökumenismus in seiner Kirche wieder in den Hintergrund geraten und weithin vergessen war.

Auf seine Rückfrage wurden ihm vom Kardinalstaatssekretär hierfür vor allem zwei Gründe genannt: einmal die Enttäuschung darüber, daß trotz des ökumenischen Entgegenkommens, das die katholische Kirche im Zweiten Vatikanischen Konzil gezeigt habe, keine von ihr getrennte Kirche, weder eine orientalische noch eine westliche, wieder zu ihr zurückgekehrt sei. Außerdem seien durch die ökumenische Öffnung so viele fremde Gedanken in die katholische Kirche eingeströmt, daß eine Relativierung ihrer Lehre und eine Polarisierung zwischen fortschrittlichen und konservativen Kräften eingetreten sei, die geradezu eine Identitätskrise der Kirche ausgelöst habe. Diese Krise sei damals als so bedrohlich empfunden worden, daß es der Heilige Stuhl für seine Pflicht gehalten habe, die katholische Kirche wieder stärker gegen den Ökumenismus abzuschirmen. So habe dann auch das Einheitssekretariat nach dem Ausscheiden seines letzten Präsidenten keinen neuen Leiter erhalten, sondern sei in die auswärtige Abteilung des

Staatssekretariats eingegliedert worden. In der kurialen Verwaltung sei man über diese Entwicklung nicht unglücklich gewesen. Denn schon die Verwaltung der kleinen, mit Rom unierten Absplitterungen der orientalischen Kirchen habe wegen der Besonderheiten ihrer Riten und ihres Kirchenrechts ständig Schwierigkeiten bereitet. Vollends aber habe die Kurie die Verwaltung aller orientalischen Kirchen oder gar noch der anglikanischen oder der lutherischen Kirchengemeinschaft für eine kaum lösbare Aufgabe gehalten.

Der Papst antwortete nachdenklich: „Wahrscheinlich haben wir eine zu enge Vorstellung von der Kircheneinheit und eine zu zentralistische von ihrer Leitung.“

Bei all diesen Nachforschungen erging es dem Papst so, als hätte er ein unbekanntes Land betreten, in dem er Schritt für Schritt neue Entdeckungen machte. Das überwältigendste war für ihn die Erkenntnis des Wirkens desselben Christus in getrennten Teilen der Christenheit und die Entdeckung, mit dieser Erkenntnis sich inmitten einer Bewegung zu befinden, die quer durch die getrennten Kirchen hindurchging. Er wußte, daß er das nicht erkannt hätte, wenn Gott ihn nicht zuvor gedemütigt und zu einem Fremdling gemacht hätte. Aber der Vision bedurfte er nun nicht mehr. Was er in ihr geschaut, das hatte sich ihm nun im Verlauf seiner Studien geradezu empirisch ergeben und so unausweichlich bestätigt, daß er sich wunderte, dies alles nicht schon längst erkannt zu haben.

KAPITEL VII

Zwei Jahre hindurch war der Papst dem Problem der gespaltenen Christenheit nachgegangen. In dieser Zeit hatte er nur in einzelnen gelegentlichen Äußerungen davon gesprochen. Aber er wußte, daß er seine Erkenntnisse nicht für sich behalten durfte, sondern vor der Öffentlichkeit vertreten mußte. Gott hatte ihm die Einsicht in die Weite der Kirche erschlossen, damit er entsprechend handle. Die erkannte Einheit in Christus mußte in der Einigung der Christen verwirklicht werden.

Er war entschlossen, für diese Aufgabe die ganze Vollmacht einzusetzen, die ihm mit dem päpstlichen Amt gegeben war. Wie aber sollte er vorgehen? Nach Überprüfung der verschiedenen Möglichkeiten entschied er sich dafür, seine Gedanken zuerst seinen engsten Mitarbeitern, den Kurienkardinälen, mitzuteilen und sich danach durch eine Enzyklika an alle Bischöfe der katholischen Kirche zu wenden. Über die dann folgenden Schritte faßte er noch keine Entschlüsse, aber es war ihm selbstverständlich, daß er dann auch die Verbindung mit den von Rom getrennten Kirchen aufnehmen mußte.

Wieder war das Pfingstfest gefeiert worden. Wieder hatte die Christenheit Gott für das Herabkommen des Heiligen Geistes und für die Gründung der Kirche, für die Sammlung des einen Gottesvolkes aus allen Völkern gedankt. Wieder hatte sie gerufen: „Komm, Heiliger Geist, erfülle die Herzen aller Gläubigen!" Wieder hatte sie um die Erneuerung und Einigung der Christen gebetet. Für den Tag nach Pfingsten hatte der Papst die Kurienkardinäle zusammengerufen. Sie versammelten sich in einem der prächtigsten Renaissancesäle des Vatikans, von dessen Wänden die großen Darstellungen der historischen Siege des Papsttums auf sie herabschauten. Hier erwarteten sie voll Spannung die angekündigten Erklärungen über den weiteren Weg der Kirche.

Als der Heilige Vater mit seinem Gefolge pünktlich den Raum betrat, erhoben sie sich und blieben stehen, bis er sich in einem erhöhten Sessel niederließ und ihnen das Zeichen gab, sich ebenfalls zu setzen. Er ließ sich von einem seiner Begleiter die Mappe mit dem Manuskript reichen und begann mit der ihm eigenen, sehr persönlichen Art zu den Versammelten zu sprechen.

„Verehrungswürdige Eminenzen! Geliebte Brüder! Wir haben Sie hierher gebeten, um Ihnen einige Gedanken über die Aufgabe der Kirche zu unterbreiten, die sich uns in den letzten Jahren immer unausweichlicher aufgedrängt haben und die unser weiteres Pontifikat bestimmen sollen.

Sie alle wissen: Noch nie ist der Bestand der Menschheit so gefährdet gewesen wie heute. Sie ist zerrissen durch die gegensätzlichen Machtansprüche der Großmächte, durch die Kluft zwischen den reichen und den armen Völkern sowie durch Rassen- und Klassenkämpfe innerhalb der Völker. Jeder dieser Gegensätze enthält die Möglichkeit von Explosionen, deren Auswirkungen sich nicht absehen lassen. Terror und Angst vergiften die Beziehungen zwischen den Menschen. An Planungen zur Überwindung dieser Gefahren hat es nicht gefehlt. Aber nicht einmal das elementarste Problem, nämlich die Beseitigung des Hungers, ist gelöst worden, wenngleich es hätte gelöst werden können. Es ist immer deutlicher geworden, daß ohne tiefgreifende Sinnesänderung aller Beteiligten, ohne Abkehr von bisherigen

Grundsätzen wirtschaftlichen und politischen Handelns und ohne die Bereitschaft zu großen Opfern eine Katastrophe nicht zu vermeiden ist.

Woher soll die Kraft zu Verzicht und Opfer kommen, wenn jeder an sich und an die Steigerung seiner Ansprüche denkt? Wir Christen wissen um ein Opfer, das für die Menschheit gebracht worden ist. Wir wissen um die Liebe Gottes, die in der Dahingabe seines Sohnes erschienen ist und die Glaubenden frei macht von der Sucht, nur für sich selbst zu sorgen – frei zur Hingabe für die Mitmenschen, frei zur Liebe. In dieser Liebe und durch ihre Opfer wird das Leben nicht arm, sondern sinnvoll und beglückend.

In dieser Glaubensüberzeugung hat die katholische Kirche auf internationaler, territorialer und lokaler Ebene ihre Stimme zu den aktuellen politischen und sozialen Problemen immer wieder erhoben. Unzählige Priester, Ordensmitglieder und Laien haben sich in selbstloser Hingabe für die Armen und Unterdrückten eingesetzt. Dieser Dienst, der oft unter schwersten Bedingungen geschah, ist zwar gerne angenommen, aber doch wenig als Zeichen der göttlichen Liebe verstanden worden. Auch die Erklärungen des Heiligen Stuhls und der nationalen und internationalen Bischofskonferenzen sind zwar im allgemeinen mit Respekt und Achtung entgegengenommen worden. Aber gegenüber dem Ruf zur Sinnesänderung und dem Hinweis auf Christus, durch den diese Sinnesänderung möglich wird, ist die Weltöffentlichkeit im großen und ganzen taub geblieben.

Meine verehrten Brüder, wir müssen uns fragen: Aus welchen Gründen ist die christliche Botschaft nicht glaubwürdiger? Liegt es an uns? Haben wir versäumt, etwas aus unserer Mitte zu entfernen, was die Botschaft für viele Menschen unglaubwürdig macht?

Gestatten Sie mir, daß ich ganz persönlich spreche: Als ich vor drei Jahren schwer erkrankt und dann monatelang aus meiner Arbeit herausgerissen war, nahm ich dies als eine mir von Gott gegebene Gelegenheit, um in der Selbstprüfung vor seinem Angesicht meine Aufgaben noch einmal neu zu durchdenken. Dabei ergriff mich eine zunehmende Unruhe, denn ich erkannte, daß ich bisher der Einigung der Christen so gut wie keine Aufmerksamkeit geschenkt hatte. Dieses Versäumnis kann ich nicht dadurch entschuldigen, daß ich bis zu meiner Wahl als Papst keiner anderen christlichen Kirche begegnet bin. Denn unser Herr hat in seinem hohenpriesterlichen Gebet die zentrale Bedeutung der Einheit aller Glaubenden so eindrücklich hervorgehoben, daß sich diesem seinem Willen niemand entziehen darf: An der Einheit derer, die an Christus glauben, soll die Welt erkennen, daß Gott sie liebt.

Wie aber kann die Welt die Liebe, die Gott ihr in der Sendung seines Sohnes zugewendet hat, erkennen, wenn die Gläubigen nicht einig sind? Wie kann die Welt glauben, daß Gott jeden Menschen liebt und für wertvoll hält, wenn wir Christen einander ablehnen und bekämpfen? Wie kann die Überzeugung entstehen, daß Christus die Gegensätze der Welt überwindet, wenn die Gegensätze zwischen denen, die ihn bekennen, jedermann vor Augen stehen? Widerlegt nicht der Zustand der Christenheit das, was wir von Christus verkündigen? Wir pflegen so leicht den anderen die Schuld zu geben, wenn sie nicht glauben. Aber ist es nicht unsere Schuld?

Ich will konkreter werden: Jahrhunderte hindurch haben wir uns damit beruhigt, daß wir die Einheit der Kirche mit dem Bestand der römisch-katholischen Kirche gleichgesetzt haben, das heißt, daß wir die Grenzen unserer Kirche für die Grenzen der einen, heiligen, katholischen und apostolischen Kirche erklärt haben. Um der Gnade teilhaftig zu werden, mußten die Glieder der anderen Kirchen Glieder der römisch-katholischen Kirche werden oder diese Zugehörigkeit wenigstens begehren. Bei diesem Kirchenverständnis gab es neben unserer Kirche keine andere Kirche, sondern nur Absonderungen von der einen, nämlich von der römisch-katholischen Kirche. Dem entsprach es, daß der Heilige Stuhl bis über die Mitte des 20. Jahrhunderts hinaus die in den anderen Kirchen aufgebrochene ökumenische Bewegung ablehnte und eine auch nur gastweise Teilnahme von Katholiken an den ökumenischen Versammlungen verbot.

Eine tiefgreifende Korrektur dieser Haltung ist dann von einem meiner Vorgänger, dem in der ganzen Welt unvergessenen Papst Johannes XXIII., vorgenommen worden. Er hat sich nicht gescheut, die getrennten Christen als seine Brüder anzureden. Er hat die römische

Kirche für die ökumenische Bewegung der anderen Kirchen geöffnet. Dabei handelte es sich nicht nur um taktische Maßnahmen, vielmehr erfolgte, wie Sie wissen, eine theologische Neubesinnung, die dann in der Kirchenkonstitution und im Ökumenismusdekret des Zweiten Vatikanischen Konzils ihren Niederschlag gefunden hat. Im Unterschied zum herkömmlichen Verständnis wurde nun ausdrücklich auch bei solchen Getauften, die nicht zur römisch-katholischen Kirche gehörten, eine wahre Verbindung mit dem Heiligen Geist, der in Gaben und Gnaden auch in ihnen mit seiner heiligenden Kraft wirksam ist, anerkannt. Damit wurde die Wirklichkeit des Heils auch außerhalb der Grenzen unserer Kirche bezeugt. Die eine katholische Kirche wurde nicht mehr exklusiv mit der römisch-katholischen Kirche gleichgesetzt. Es wurde nun von ‚Kirchen und kirchlichen Gemeinschaften‘ außerhalb unserer Kirche gesprochen. Das Konzil bekannte, daß der Einheit der Christen auch auf seiten unserer Kirche Hindernisse im Wege stünden; es rief die katholischen Christen zur Buße, ohne die eine Einigung nicht möglich sei. Das Konzil verzichtete darauf, die ersehnte Einigung als ‚Rückkehr‘ der Getrennten zur katholischen Kirche zu bezeichnen, vielmehr zeigte es den Weg zu einer wechselseitigen Zuwendung in der Buße vor Gott.

Der ökumenische Aufbruch dieses Konzils hatte einen ungeheuren Widerhall in der katholischen Kirche, in der ganzen Christenheit und darüber hinaus in der Weltöffentlichkeit gefunden. Große Erwartungen und starke Impulse waren dadurch ausgelöst worden: Gebete für die Einheit, gemeinsame Gottesdienste, gemeinsame Bibelstudien, die Erarbeitung der Glaubensaussagen, die inmitten der Unterschiede den getrennten Kirchen gemeinsam sind, die gemeinsame Wahrnehmung der christlichen Verantwortung in der Welt. Es war, als ob eine Schleuse geöffnet worden wäre und lange zurückgestaute Ströme der Sehnsucht bei Priestern und Laien nun hervorgebrochen wären und sich mit gleichen Strömen aus anderen Kirchen vereinigt hätten.

Aber diesem Aufbruch folgte nach einigen Jahren eine rückläufige Begegnung in unserer Kirche. Die Förderung der ökumenischen Aktivitäten ließ nach. Die Zusammenarbeit mit anderen Kirchen und mit dem ökumenischen Rat der Kirchen wurde reduziert. Konsensuserklärungen von katholischen und nicht-katholischen Theologen über die Fragen, die zwischen den Kirchen strittig waren, galten nicht mehr als erwünscht. An Bischöfe, die sich diesen rückläufigen Tendenzen nicht anpaßten, ergingen Verwarnungen. Ökumenisch aufgeschlossene Priester wurden bei der Besetzung der Bischofssitze übergangen. Auch die Wirkungsmöglichkeiten des Einheitssekretariates wurden eingeschränkt. Das Ökumenismusdekret wurde minimalistisch ausgelegt. Alte Argumente, die die Kirchentrennungen rechtfertigten, tauchten wieder auf, und das bereits überwundene Selbstverständnis der römischen Kirche als der allein wahren trat wieder in den Vordergrund.

Nachdem das ökumenische Programm des Konzils einen Widerhall in der Weltöffentlichkeit gefunden hatte, wie nur wenige kirchliche Entscheidungen der Neuzeit, konnten der Stillstand und der Rückgang des ökumenischen Einsatzes nicht verborgen bleiben. Es entstand eine große Enttäuschung. Die Uneinigkeit der Christenheit lag nun noch peinlicher vor aller Augen als zuvor. Dieser Zustand wurde für die Welt erst recht zum Beweis der Schwäche der christlichen Liebe, ja, der Schwäche Christi selbst. Die Gleichgültigkeit gegenüber der christlichen Botschaft nahm zu. Zweifellos sind nach dem Konzil Fragen aufgebrochen, die ungewohnt waren und eine Unruhe mit sich brachten. Ja, es war damals mancherorts zu scharfen Gegensätzen zwischen sogenannten ‚Konservativen‘ und ‚Fortschrittlichen‘ gekommen. Aber sind nicht zu allen Zeiten dort, wo Gottes Geist Durchbrüche durch alte Verhärtungen vollzieht, zunächst Spannungen und Auseinandersetzungen entstanden, ehe die Erneuerung sich durchsetzte? Mir scheint, daß damals manche zu ängstlich und zu mißtrauisch reagiert und eine geschrumpfte, aber in sich gesicherte und abgeschlossene Kirche einer solchen Kirche vorgezogen haben, die sich auf das Wagnis einläßt, in der Gemeinschaft mit der übrigen Christenheit die Liebe Gottes der Welt zu bezeugen.

Wie manche von Ihnen wissen, habe ich mich in den Jahren seit meiner Genesung intensiv mit den anderen christlichen Kirchen befaßt. In diesem Studium hat sich mir die Richtigkeit der im Zweiten Vatikanischen Konzil erfolgten Entscheidungen voll und ganz bestätigt. Ja, ich bin über die noch zurückhaltenden Aussagen dieses

Konzils hinaus geradezu überwältigt von der Entdeckung des Wirkens Christi in den von uns getrennten Kirchen. Es gibt eine Einheit in Christus, die durch die Spaltungen zwar verdeckt und entstellt, aber nicht aufgehoben ist. Ich bin fest davon überzeugt, daß wir das ökumenische Programm des Zweiten Vatikanischen Konzils wiederaufnehmen und voll ausschöpfen müssen. Ja, ich bin davon überzeugt, daß wir darüber hinaus weitergehen müssen. Das Konzil war ein Anfang. So wie das Ökumenismusdekret damals über das bis dahin vorherrschende Verständnis der Grenzen der Kirche hinausgegangen ist, so müssen auch wir nun weitere Schritte tun. Nur gemeinsam mit den anderen Christen werden wir die neue Sprache finden, die die Menschen heute erreichen kann.

Lassen Sie mich in einigen Stichworten die Richtung andeuten, in der meines Erachtens die Konsequenzen aus dem Aufbruch, der im Zweiten Vatikanum erfolgt ist, zu ziehen sind:

Das Konzil hat zwar erkannt, daß die Einheit der Kirche nicht in der Uniformität, sondern in der Mannigfaltigkeit besteht. Aber diese Mannigfaltigkeit haben wir bisher noch viel zu eng begrenzt verstanden.

Das Konzil hat mit seiner Aussage über die ‚Hierarchie der Wahrheiten‘ gelehrt, daß nicht alle Dogmen in gleicher Weise von zentraler Bedeutung für den Glauben sind. Aber wir haben noch nicht geklärt, welche Dogmen für die Einheit der Kirchen konstitutiv sind und in welchen Fragen eine Verschiedenheit dogmatischer Aussagen innerhalb der Einheit der Kirche möglich ist.

Das Konzil hat eine Auflockerung des Zentralismus vollzogen. Aber die Struktur der Gemeinschaft muß noch viel stärker entfaltet werden. Die Einigung der Kirchen ist bisher immer noch zu einseitig unter dem Gesichtspunkt der notwendigen Unterwerfung unter den universalen Herrschaftsanspruch des Papsttums verstanden worden.

Das Konzil hat angesichts der Kirchenspaltung eindringlich zur Buße gerufen. Aber dieser Bußruf kann nicht auf das persönliche Verhalten der einzelnen Christen gegenüber den getrennten Brüdern beschränkt bleiben. Darüber hinaus muß in die Buße die Besinnung auf das hineingenommen werden, was an Lieblosigkeit, Rechthaberei und Herrschsucht seinen Niederschlag in den geltenden Ordnungen unserer Kirche gefunden hat.

Wir haben zu selbstverständlich uns selbst als Maßstab genommen, an dem wir die Liturgien, die Dogmen und die Ämterordnungen der anderen Kirchen gemessen haben. Wir haben diese zuwenig von der geschichtlichen apostolischen Grundlage her verstanden, die ihnen und uns gemeinsam ist. In den ersten apostolischen Gemeinden finden wir eine unvergleichlich größere Mannigfaltigkeit an Glaubensaussagen und Kirchenordnungen, als sie heute in irgendeiner einzelnen Kirche besteht.

Meine verehrten und geliebten Brüder! Wir müssen die Kräfte, die wir bisher zur Selbstsicherung, Selbstabgrenzung und Selbstdurchsetzung gegenüber der übrigen Christenheit verwendet haben, frei machen für die Verwirklichung der Liebesgemeinschaft zwischen allen, die an Christus glauben, und für den gemeinsamen Liebesdienst an der Welt. Denn so will Gott der Welt seine Liebe bezeugen. Dabei verstehe ich die ökumenische Verpflichtung nicht nur als eine Sonderaufgabe, die zu unseren zahlreichen bereits bestehenden Aufgaben hinzukäme, sondern als fundamentales Gebot des Herrn, das alle andere Arbeit durchdringen und bei ihrer Ausführung bedacht werden will. Ich bitte Sie alle von Herzen, daß Sie mich bei diesem Einsatz in derselben bewährten Weise unterstützen, in der Sie mir in allen anderen Aufgaben mit Rat und Tat beigestanden und mich durch Ihr Vertrauen beglückt haben.

Ich habe vor, mich im Sinne dieser meiner Ausführungen in einer Enzyklika an die Bischöfe der katholischen Kirche zu wenden. Aber bevor ich diesen Schritt tue, war es mir ein aufrichtiges Bedürfnis, Ihnen, meine verehrungswürdigen Eminenzen, vor allen anderen meine Gedanken mitzuteilen. Ich bitte Sie, dieselben zusammen mit Ihren nächsten Mitarbeitern zu prüfen und mich in aller Offenheit das Ergebnis Ihrer Überlegungen wissen zu lassen. Ich wäre Ihnen dankbar, wenn ein jeder von Ihnen dies seiner Eminenz, dem Kardinalstaatssekretär, mitteilen würde, damit er mir dann darüber zusammenfassend berichtet."

Der Papst erhob sich und mit ihm alle Anwesenden. Er hielt einen Augenblick inne und umfaßte sie mit einem suchenden Blick, als wolle er jeden einzelnen für seine Gedanken gewinnen. Dann spendete er ihnen seinen Segen und verließ den Saal.

KAPITEL

Nach dem Papst verließen auch die Kardinäle den Raum. Auf dem Weg durch die Gänge des Vatikans, vorbei an den salutierenden Offizieren und Soldaten der Schweizer Garde, wechselten sie nur wenige Worte. Es waren zunächst Fragen informativer Art. „Habe ich recht gehört?" „Wie ist das Gehörte zu verstehen?" Wenngleich sie um die Beschäftigung des Heiligen Vaters mit dem Problem der getrennten Christen wußten, hatten sie nicht erwartet, daß er das Thema der Wiedervereinigung zum Zentrum seines weiteren Wirkens machen und alle sonstigen Aufgaben von dorther bestimmt wissen wollte. So versetzte seine Rede sie in Verlegenheit.

Als später der wörtliche Text seiner Ausführungen in ihre Hände gelangte und von einem jeden Satz für Satz bedacht werden konnte, wurde ihnen vollends deutlich, in welchem Umfang der Papst das derzeitige Verhalten der katholischen Kirche gegenüber Schismatikern und Häretikern in Frage stellte. So blieb es nicht bei einer unbestimmten Verlegenheit, sondern es entstand die Sorge vor einer solchen Öffnung der katholischen Kirche, von der man in gar keiner Weise wissen konnte, ob sie zu ihrer Stärkung oder zu ihrer Verunsicherung und Schwächung führen würde. Es fanden zahlreiche Gespräche unter den Kardinälen und dann auch mit dem Kardinalstaatssekretär statt, in denen die Eindrücke, Fragen und Sorgen ausgetauscht wurden. Die Bedenken wurden immer größer. Sie betrafen einmal die Opportunität einer neuen ökumenischen Initiative im jetzigen Augenblick, zum anderen aber auch ihre theologische Begründung. Manche fragten, ob die grundsätzlichen Ausführungen des Papstes über die Einheit noch in der Kontinuität des bisherigen katholischen Verständnisses der Kircheneinheit blieben. Bei einigen Kardinälen waren die Bedenken so groß, daß sie den Inhalt der päpstlichen Ansprache ihren jüngeren Mitarbeitern gar nicht zur Kenntnis zu geben wagten, aus Sorge, es könnte bei ihnen dadurch eine Verwirrung entstehen. Zum erstenmal empfanden sie einen Konflikt zwischen ihrem großen Vertrauen zu diesem Papst und ihrem eigenen Verständnis dessen, was für die Zukunft der Kirche notwendig sei. Sie setzten die Hoffnung darauf, daß es dem Kardinalstaatssekretär gelingen möchte, dem heiligen Vater ihre Bedenken so überzeugend vorzutragen, daß er sein Vorhaben modifizieren oder zurückstellen würde.

Nachdem der Kardinalstaatssekretär die Äußerungen aller Kurienkardinäle teils mündlich, teils schriftlich empfangen hatte, bat er den Papst um Audienz und um die Erlaubnis, hierbei in Begleitung des Präfekten der Glaubenskongregation erscheinen zu dürfen, da auch einige dogmatische Fragen aufgetaucht seien, für die er selbst sich weniger zuständig fühle. Der Präfekt war ein spanischer Dominikaner, der sich durch wissenschaftliche Veröffentlichungen einen bedeutenden Namen als scholastischer Theologe und als Kirchenrechtslehrer erworben hatte. Er hatte sich gründlich mit der neueren Theologie befaßt und ihr eine Zeitlang zugeneigt. Als er jedoch die katholische Lehreinheit durch sie gefährdet sah, hatte er sich zunehmend von ihr abgewandt und seine Aufgabe darin gesehen, die offiziellen Lehrentscheidungen der Kirche durch die Auslegung ihres unverkürzten Wortlautes und durch den Hinweis auf die Gehorsamsverpflichtung wieder voll zur Geltung zu bringen. Er war ein schlanker älterer Mann mit klugen, durchdringenden Augen und mit einer starken, wenn auch disziplinierten Leidenschaft für seine Sache.

Der Papst empfing die beiden Herren zum Vortrag in seiner Bibliothek und bat zuerst den Kardinalstaatssekretär, das Wort zu ergreifen.

Dieser begann: „Im Auftrag aller Kurienkardinäle habe ich für das Vertrauen zu danken, das Eure Heiligkeit uns dadurch geschenkt haben, daß Sie vor weiteren öffentlichen Schritten uns die Gelegenheit gaben, Ihre programmatischen Gedanken zu vernehmen und uns dazu zu äußern. Ich berichte im folgenden über die Grundgedanken, die in den Äußerungen der Kardinäle immer wiederkehren:

Alle bejahen das von Eurer Heiligkeit uns so eindrucksvoll vor Augen gestellte Ziel der Einigung aller Christen. Alle halten die Menschheitssituation für ebenso bedroht wie Sie und sind mit Ihnen davon überzeugt, daß ohne tiefgreifende Wandlung der Menschen eine Katastrophe unausweichlich ist. Allen ist auch deutlich, daß der gespaltene Zustand der Christenheit es den Nichtchristen schwer macht, an die versöhnende und erneuernde Kraft Christi zu glauben. Vor allem aber sind wir alle tief beeindruckt von der großen väterlichen Liebe, mit der Sie sich in Ihren Ausführungen den getrennten Brüdern und darüber hinaus der Menschheit zugewandt haben. Wir alle sind in Verehrung und Dankbarkeit gewiß, daß diese Liebe das Motiv Ihrer ökumenischen Überlegungen ist.

Zugleich aber bin ich beauftragt, Eurer Heiligkeit über einige Erwägungen zu berichten, die die Opportunität einer neuen ökumenischen Initiative in der gegenwärtigen Situation betreffen.

Es befinden sich an der Kurie noch mehrere Persönlichkeiten, die die große Krise miterlebt haben, die bald nach dem Zweiten Vatikanischen Konzil über viele Gebiete der katholischen Kirche hereingebrochen ist. Die gültige Lehre der Kirche wurde damals vielen zweifelhaft. An Stelle der vorgeschriebenen Liturgie traten vielerorts wilde gottesdienstliche Experimente, und an Stelle des Gehorsams gegenüber der Hierarchie traten ihre Infragestellung und mancherlei Eigenmächtigkeit. Abenteuerliche Vorstellungen von einer Reform des Papsttums und nicht minder abwegige Vorstellungen von einer Reform des priesterlichen Amtes zersetzten die Ordnung. Zu Tausenden gingen hier in Rom die Anträge von Priestern, Mönchen und

Nonnen ein, die in den Stand des Laien zurückversetzt werden wollten, und viele andere verließen ihren geistlichen Beruf, ohne es überhaupt für nötig gehalten zu haben, ihr Verhältnis zur Kirche zu ordnen. Der Priesternachwuchs ging katastrophal zurück, viele Klöster leerten sich. Die Verkündigung des Evangeliums wurde weithin durch die Verbreitung sozialpolitischer revolutionärer Programme ersetzt. Es folgte eine solche Polarisierung von ‚konservativen' und ‚fortschrittlichen' Kräften, daß die Einheit der katholischen Kirche ernstlich gefährdet war.

Maßgebende Persönlichkeiten in kirchenleitenden Ämtern waren damals davon überzeugt, daß die Hauptursache für diese plötzlichen Zerfallserscheinungen in der ökumenischen Öffnung der katholischen Kirche zu suchen war. Hier waren katholische Christen von fremden Lehren beeindruckt worden. Hier hatten katholische Priester verheiratete Pfarrer und selbst verheiratete Bischöfe kennen- und schätzengelernt. Hier waren sie Kirchen begegnet, die auch ohne zentrale Leitung eine starke Vitalität bewiesen. So hat der Ökumenismus eine Relativierung der Lehre und der Ordnung der katholischen Kirche mit sich gebracht."

In innerer Abwehr hob der Papst die Hände. Doch der Kardinal fuhr fort: „Zwar waren damals andere der Meinung, daß der Grund für diese Zerfallserscheinungen vor allem darin zu suchen war, daß im Zweiten Vatikanischen Konzil eine Öffnung der katholischen Kirche für Probleme der Neuzeit erfolgt war, gegen die zuvor der Antimodernismus einen Damm aufgerichtet hatte. Dadurch brachen die Probleme der historisch-kritischen Forschung, der biologischen Entwicklungslehre, der Tiefenpsychologie und der Soziologie, mit denen sich der Protestantismus schon viel früher befaßt hatte, nun mit einem Schlag in unsere unvorbereitete Kirche herein und stellten vieles Gewohnte in Frage. Aber die meisten Kollegen sind heute der Überzeugung, daß die genannte Krise vor allem durch das ökumenische Engagement unserer Kirche entstanden ist.

Nur unter großen Verlusten ist die Kirche von jener Krise genesen. Nur mit Mühe konnte damals die Geltung der katholischen Lehre wieder durchgesetzt und das Gehorsamsverhältnis wiederhergestellt werden. Nur allmählich ist das Vertrauen des verunsicherten Kirchenvolkes wieder gewonnen worden. Erst jetzt können wir uns wieder darauf verlassen, daß von allen Bischöfen und von den meisten Priestern die Anordnungen des Heiligen Stuhles durchgeführt werden. Die katholische Kirche ist heute wieder einigermaßen in sich gefestigt. Durch die Ausstrahlung Eurer Heiligkeit hat sie auch wieder ein stärkeres Ansehen in der Weltöffentlichkeit gewonnen. Im rapiden Wechsel der geschichtlichen Umbrüche blicken viele Glaubende und Nichtglaubende wieder auf Sie als den unveränderten Fels. Allen Kardinälen ist es jedoch fraglich, ob die katholische Kirche bereits wieder so stark und in sich geschlossen ist, daß sie sich erneut anderen christlichen Gemeinschaften zuwenden kann, ohne abermals ihre Identität aufs Spiel zu setzen.

Bei der Erörterung dieser Frage schien es den Kardinälen richtig, auch auf den gegenwärtigen Zustand der nichtkatholischen Kirchen und kirchlichen Gemeinschaften zu blicken. Sind bei ihnen seit dem Konzil Veränderungen erfolgt, die eine stärkere Annäherung an die katholische Kirche bedeuten und die Gefahr einer erneuten Relativierung unserer Lehre und Ordnung ausschließen? Nach den Informationen, die die Kardinäle empfangen und untereinander ausgetauscht haben, befinden sich die meisten dieser Kirchen – vielleicht mit Ausnahme der orthodoxen Kirche – in einem ähnlichen Zustand der inneren Polarisierung wie damals die katholische Kirche, nur daß sie im Unterschied zu ihr diesen Zustand bisher nicht überwunden haben. Die Traditionen der Lehre sind weithin verlassen, und ein Lehramt mit einer verbindlichen Autorität besteht dort heute weniger denn je. Die Identität vieler dieser Kirchen ist heute noch schwerer greifbar, als dies bereits in der Zeit des Konzils der Fall war. Zwar finden sich Annäherungen an die katholische Kirche, aber bei genauerem Zusehen handelt es sich meistens um Umdeutungen der katholischen Lehre, die wir nicht akzeptieren können. Offizielle Korrekturen ihrer antirömischen Lehren sind bisher nicht erfolgt.

Zu berücksichtigen ist auch das Verhältnis dieser Kirchen zueinander. Zwar stehen sie schon viel länger in der ökumenischen Bewegung als wir und bemühen sich seit Jahrzehnten um die Einigung. Aber was ist das bisherige Ergebnis? Gewiß, es sind einige Zusammenschlüsse von konfessionsverwandten Gemeinschaften erfolgt. Aber die großen Konfessionskirchen stehen noch immer selbständig nebeneinander, und es scheint, als ob man sich bemühte, die fehlende Einheit im Glauben durch politische und soziale Programme zu ersetzen.

Wenn ich also zusammenfassen darf: Mehr oder weniger stark haben alle Kurienkardinäle die Sorge, daß eine neue, vielleicht sogar noch größere Identitätskrise der katholischen Kirche eintreten könnte, wenn in der gegenwärtigen Situation das ökumenische Programm wiederaufgenommen und sogar über die Grundsätze des Zweiten Vatikanischen Konzils hinaus intensiviert würde. Sie fürchten, daß dies nicht zur Einigung anderer Kirchen mit der katholischen Kirche, wohl aber zur Gefährdung der innerhalb unserer Kirche bestehenden Einheit führen würde. Einige Kardinäle haben mich gebeten, hier auch ihre besondere Sorge gegenüber einem Bußruf zu erwähnen, der nicht nur die persönliche Buße des einzelnen erwecken will, sondern sich an die Kirche als ganze wendet und die Infragestellung und Veränderung ihrer Ordnung zum Ziele hat. Ein solcher Bußruf hätte nach ihrer Meinung Verunsicherung und Verwirrung im Klerus und unter den Laien zur Folge."

Der Kardinalstaatssekretär blickte suchend in die Augen des Papstes und schloß mit spürbarer Bewegung: „Heiliger Vater, wir alle sind gewiß, daß es die Liebe zu Christus und zu den Menschen ist, die Ihr Herz bewegt. Zugleich aber haben wir den Eindruck, daß Sie in der Demut dieser Liebe das unterschätzen, was durch Gottes Gnade unter Ihrem Pontifikat der katholischen Kirche an Stärkung zuteil geworden ist. Diese Stärkung möchte niemand von uns aufs Spiel gesetzt sehen."

Der Papst hatte aufmerksam zugehört. Er dankte dem Kardinal für seinen Bericht und bat ihn, seinen Dank auch an die anderen Beteiligten weiterzugeben. Ihre Bedenken seien ihm sehr wichtig, und er werde sie bei seinen weiteren Überlegungen sorgfältig berücksichtigen. Er sann einige Zeit nach und begann dann gewissermaßen laut weiterzudenken:

„Zweifellos gab es nach dem letzten Konzil mancherlei Verwirrungen, Polarisierungen und auch Gefährdungen der Einheit unserer Kirche. Aber könnte es nicht sein, daß sich in diesen Vorgängen die

Enttäuschung vieler Christen darüber auswirkte, daß der neue Aufbruch nach dem Konzil gebremst wurde und daß die großen Hoffnungen auf die Erneuerung der Kirche nicht in Erfüllung gingen? Ist so nicht auch der Rückgang des Priesternachwuchses verständlich? Viele Jahrzehnte hindurch wurde in der ganzen Christenheit, auch in der katholischen Kirche, um den Geist der Einheit gebetet. Könnte es nicht sein, daß der Aufbruch jener ersten Jahre nach dem Konzil eine Erhörung dieser Gebete war, daß diese aber nicht erkannt wurde, weil man nicht mit einer so baldigen Erhörung gerechnet hatte und nicht bereit war, den Durchbrüchen und Wandlungen Raum zu geben, die der Heilige Geist vollziehen wollte?"

Der Papst hielt längere Zeit inne und fuhr dann fort: „Was bedeutet wohl ‚Wahrung der Identität der Kirche‘? Ist das etwas völlig anderes als die Wahrung der Identität des Christen? Worin aber besteht die Identität des Christen? Doch wohl darin, daß er täglich stirbt und Christus in ihm lebt – wie der Apostel Paulus sagt: ‚So lebe nicht mehr ich, sondern Christus lebt in mir.‘ Wie sollte die Kirche ihre Identität anders wahren als dadurch, daß sie Buße tut und ihr Eigenleben in den Tod gibt, damit Christus in ihr lebt und sich durch sie der Welt manifestiert? Christus ist ihre Identität, und in der Selbstpreisgabe an ihn hat sie ihre Identität. Kann man eine Erneuerung der Kirche wünschen und zugleich die Verunsicherung fürchten, die durch jeden Bußruf entsteht? Darf man die eigene Kirche so positiv und die anderen Kirchen so negativ beurteilen? Kann man übersehen, daß dort in der Erfahrung der Gegenwart Christi die kirchentrennenden Mauern bereits weitgehend gefallen sind, auch wenn die Einheit noch keinen kirchenrechtlichen Ausdruck gefunden hat?"

Der Papst schwieg, dann wandte er sich an den Präfekten der Glaubenskongregation und bat auch ihn, das Wort zu ergreifen. Dieser verbeugte sich und begann langsam und mit Nachdruck: „Auch ich möchte zuerst Eurer Heiligkeit in Ehrerbietung dafür danken, daß uns die Gelegenheit gegeben wurde, Ihre so wichtigen Ausführungen zu hören und uns dazu zu äußern. Mit großer Sorgfalt habe ich sie mit meinen Mitarbeitern Satz für Satz bedacht und in unsere Überlegungen auch die Gedanken einbezogen, die uns von einigen Kar-

dinälen über die grundsätzlichen Fragen eines katholischen Ökumenismus mitgeteilt wurden. Dabei erkannten wir, daß im Vatikan
zur Zeit recht unterschiedliche Auslegungen der hierfür grundlegenden Dekrete des Zweiten Vatikanischen Konzils vertreten werden.
Zwar kann nicht übersehen werden, daß manche Formulierungen dieses Konzils Kompromisse waren, die eine gewisse Variationsbreite der
Auslegungen und der Möglichkeiten ökumenischen Handelns
offenlassen. Aber die Variationsbreite ist in den Jahren unmittelbar
nach dem Konzil weit überschätzt worden. Es handelt sich hier mehr
um verschiedene Möglichkeiten der Akzentuierung als um solche der
inhaltlichen Bestimmung. Jedenfalls sind die grundlegenden theologischen Aussagen durchaus eindeutig. Eure Heiligkeit mögen mir
gestatten, mich zur Verdeutlichung auf drei Feststellungen zu beschränken und daraus eine Folgerung zu ziehen:

Erstens kann kein Zweifel daran bestehen, daß gemäß dem Zweiten Vatikanischen Konzil Kirche im eigentlichen und vollen Sinn nur
die römisch-katholische Kirche ist. Außerhalb der Grenzen dieser Kirche hat das Konzil nur ‚Elemente der Heiligung und Wahrheit‘ anerkannt, ‚die als der Kirche Christi eigene Gaben auf die katholische
Einheit hindrängen‘ – Elemente also, die, wenn auch außerhalb der
römisch-katholischen Kirche vorhanden, doch in ihr den Ursprung
und das Ziel haben. Wenn das Ökumenismusdekret von ‚Kirchen und
kirchlichen Gemeinschaften‘ außerhalb der katholischen Kirche
gesprochen hat, so bedeutet das nicht, daß sie im selben Sinn Kirche
wären wie die katholische Kirche. Diese Redeweise ist ein Entgegen-
kommen gegenüber der Selbstbezeichnung dieser nicht-katholischen
Gruppen, nicht aber ihre Anerkennung als wahre Kirche. Es handelt
sich hier um eine analoge Redeweise, wobei nach dem klassischen Verständnis der Analogie der Unterschied größer ist als die Entsprechung.

Zweitens hat das Zweite Vatikanische Konzil keines der Dogmen
der katholischen Kirche und damit auch keines der zahlreichen
Anathemata, mit denen sie Lehren anderer Kirchen und kirchlicher
Gemeinschaften verworfen hat, geändert oder aufgehoben. Das Konzil
hat zwar darauf hingewiesen, ‚daß es nach katholischer Lehre eine
Rangordnung oder Hierarchie der Wahrheiten gibt, je nach der ver-

schiedenen Art ihres Zusammenhangs mit dem Fundament des christlichen Glaubens', aber es ist auf Grund der Konzilsakten völlig klar, daß mit diesem Hinweis nur eine Anleitung zum richtigen Verständnis der Dogmen von ihrer Mitte her gegeben, nicht aber die Behauptung einer unterschiedlichen Geltung von zentralen und weniger zentralen Dogmen aufgestellt wurde. Alle Dogmen der katholischen Kirche, die im Verlauf ihrer Geschichte definiert und verkündet wurden, stehen in gleicher Weise in Geltung und beanspruchen, von allen Menschen als geoffenbarte göttliche Wahrheit geglaubt zu werden. Ohne die Anerkennung aller Dogmen der katholischen Kirche ist eine Einigung der getrennten Christen mit ihr nicht möglich.

Drittens ist für die Einheit das Dogma vom Primat des Nachfolgers Petri von besonderer zentraler Bedeutung. Dieses Dogma des Ersten Vatikanischen Konzils ist vom Zweiten Vatikanum voll und ganz bestätigt worden. Zwar wurde es nun hineingestellt in Aussagen über das Kollegium der Bischöfe, und das Moment der kirchlichen Gemeinschaft wurde damit stärker hervorgehoben. Aber die Primatialgewalt des Papstes ist damit in keiner Weise angetastet oder geschwächt. Nur gemeinsam mit dem römischen Bischof als Haupt ist das Bischofskollegium Träger der höchsten und vollen Gewalt über die ganze Kirche. Nur in gemeinsamer Ausübung des obersten Lehramtes zusammen mit dem Nachfolger Petri ist es unfehlbar. Der Papst aber bedarf des Bischofskollegiums nicht, um die ihm eigene, volle, höchste und universale Gewalt über die Kirche und sein unfehlbares Lehramt auszuüben. Das bedeutet, daß eine Einigung der getrennten Christen mit der katholischen Kirche ohne die Anerkennung der umfassenden Regierungsgewalt und des unfehlbaren Lehramtes Eurer Heiligkeit nicht möglich ist. Erst durch diese Unterwerfung entsteht in den anderen Kirchen ein legitimes und vollgültiges Bischofs- und Priesteramt.

Schon aus diesen drei Feststellungen ergibt sich eine wichtige Folgerung für die Bemühungen um die Einigung von abgespaltenen Teilen der Christenheit mit der katholischen Kirche: Die Forderung der Buße, ohne die eine Einigung nicht möglich ist, bedeutet für beide Seiten nicht dasselbe. Gemeinsam ist die Notwendigkeit der Reue über Lieblosigkeit, Hartherzigkeit, Kurzschlüssigkeit und Blindheit, über mangelnde Fürbitte und Hilfsbereitschaft sowie der notwendige Vorsatz, den anderen mit neuen Augen zu betrachten, ihn brüderlich anzureden, ihn besser zu verstehen, Vorurteile auszuräumen usw. Zugleich bleibt aber eine tiefgehende Verschiedenheit: Innerhalb der katholischen Kirche muß diese Buße in mehr Treue gegenüber der überlieferten, in den Dogmen definierten Wahrheit und im Gehorsam gegenüber dem Nachfolger Petri und den ihm unterstehenden Bischöfen geschehen. Innerhalb der anderen christlichen Gemeinschaften aber muß die Buße in einer mehr oder weniger umfangreichen Korrektur ihrer bisherigen dogmatischen Voraussetzungen und ihrer Ämterordnungen vollzogen werden. Zweifellos sind viele Mißverständnisse und Verwirrungen dadurch entstanden, daß in den Jahren nach dem Konzil diese Selbstverständlichkeiten aus taktischen Gründen nicht immer mit der nötigen Klarheit ausgesprochen wurden."

Der Präfekt hatte in der ruhigen Bestimmtheit eines Mannes gesprochen, der sich seiner Sache absolut sicher ist. Er fügte mit Wärme hinzu: „Was ich sagte, klingt vielleicht formalistisch und lieblos, als ginge es nur um die Geltung der Dogmen und des Kirchenrechtes. Es geht auch uns um die Menschen. Aber wie sollen sie inmitten des Zerfalls der bisherigen Werte und Ordnungen noch eine Orientierung und Zuversicht behalten, wenn die Identität und Kontinuität der kirchlichen Lehre und Ordnung nicht mehr sichtbar sind? Die katholische Kirche allein ist der bleibende Fels in der Brandung der Geschichte. Nur die Eindeutigkeit ihrer Lehre und Ordnung kann den Menschen die Geborgenheit geben, die sie in den Stürmen der Zeit suchen."

Der Papst schwieg lange Zeit. Dann sagte er: „Ich danke auch Ihnen, Eminenz, für Ihre aufrichtigen und klaren Ausführungen. Allerdings fürchte ich, daß eine Einigung der Kirchen unmöglich ist, wenn wir nur das zu sagen vermögen, was Sie soeben ausgeführt haben – unmöglich nicht etwa nur wegen der Unbußfertigkeit der anderen, sondern weil ihnen von Gott auf ihren geschichtlichen Wegen geistliche Gaben und Entfaltungen der apostolischen Grundlage anvertraut sind, die in dem dogmatischen und rechtlichen Gefüge unserer Kirche, so wie es sich zur Zeit darstellt, keinen Raum finden würden. Daß hier theologische Schwierigkeiten bestehen, sehe ich wohl. Aber ich bin davon überzeugt, daß sie überwunden werden können, und bitte die dogmatischen Fachleute, mir dabei zu helfen.

Das Ökumenismusdekret des Zweiten Vatikanischen Konzils wird, wie auch soeben wieder deutlich wurde, recht verschieden ausgelegt. Aber darin stimmen alle Ausleger überein, daß dieses Dekret kein Dogma ist und daß das Zweite Vatikanische Konzil überhaupt kein neues Dogma verkündet hat. Auch eine dogmatische Definition der Kirche ist dort nicht erfolgt. Darum besteht für die Beurteilung der anderen Kirchen durchaus die Möglichkeit für weitere Schritte nach vorn. Es ist keine Untreue gegenüber den Konzilsbeschlüssen, wenn wir meinen, von dieser Möglichkeit eines Voranschreitens Gebrauch machen zu sollen.

Mir scheint, daß bisher der tiefgreifende Unterschied noch nicht hinreichend ernstgenommen wurde, der zwischen den bekannten altkirchlichen Häretikern, z.B. den Gnostikern oder den Arianern, und den von uns getrennten orthodoxen und westlichen Kirchen besteht. Denn im Gegensatz zu jenen altkirchlichen Häretikern bekennen diese wie wir den dreieinigen Gott und Jesus Christus als wahren Gott und wahren Menschen. Es muß möglich sein, gemeinsam mit denen, die denselben Christus bekennen, auf die bedrängenden Fragen der heutigen Zeit gemeinsam zu antworten und gemeinsam der Menschheit zu dienen. Natürlich kann die Geltung der Dogmen nicht bestritten werden. Es muß aber ein katholisches Verständnis des Dogmas möglich sein, das die Kirche nicht wie eine schwere mittelalterliche Rüstung am Gehen hindert, sondern sie frei macht, mit ihrem Zeugnis den heutigen Problemen der Menschen zu begegnen.

Eminenz haben darauf hingewiesen, daß eine Einigung der Kirchen ohne die Anerkennung der höchsten päpstlichen Regierungs- und Lehrgewalt nicht möglich ist. Ich weiß sehr wohl um diese mir übertragene Gewalt. Aber ich weiß auch, wie die jetzige dogmatische und rechtliche Stellung des päpstlichen Amtes geschichtlich geworden ist und daß an der Entstehung der Kirchenspaltungen der Herrschaftsanspruch römischer Bischöfe und der Mißbrauch des Amtes durch unwürdige Päpste beteiligt waren. Müssen wir wirklich die

Unterwerfung unter die bei uns zur Durchsetzung gelangte Gestalt des Petrusamtes zur Bedingung der Einigung erklären? Meines Erachtens schließt der Besitz der höchsten Macht die Freiheit ein, daß ihr Inhaber bestimmen kann, in welchem Umfang er diese Macht in Anspruch nimmt. Ich möchte den anderen Kirchen dienen, ich möchte sie ‚stärken‘, so wie es der Herr dem Apostel Petrus aufgetragen hat. Aber ich möchte nicht über sie herrschen. Wenn ich schon der Stellvertreter und Repräsentant Christi auf Erden bin, dann kann mir nicht verwehrt werden, daß ich in seiner Nachfolge meine Macht ‚nicht wie einen Raub festhalte‘, sondern mich ‚erniedrige‘. So und nicht anders hat der Apostel Paulus vom Dienst Christi gesprochen."

Mit innerer Erregung fügte der Papst hinzu: „Es käme mir wie eine Verleugnung Christi vor, wenn ich von Kirchen, die zum Teil durch Jahrhunderte der Unterdrückung hindurch unter unsäglichen Leiden den Glauben an Christus bewahrt haben, fordern würde, daß sie sich mir unterstellen müßten, um dadurch Kirche zu werden."

Der Papst erhob sich: „Wir können diese Fragen im Augenblick nicht weiter klären. Wir alle werden darüber noch viel nachdenken müssen. Ich danke Ihnen noch einmal aufrichtig für Ihre mir sehr wichtigen Ausführungen. Sie dürfen versichert sein, daß ich sie vor meiner endgültigen Entscheidung noch mehrfach gründlich überdenken werde." Die Audienz war beendet.

Als die beiden Herren sich verabschiedeten, bat der Papst den Kardinalstaatssekretär, noch einen kleinen Augenblick zu verweilen: „Eure Eminenz haben mir über die Reaktionen der Kurienkardinäle berichtet. Es läge mir sehr daran, nun auch noch zu erfahren, wie Sie persönlich über meine damals vorgetragenen Gedanken urteilen."

Zögernd antwortete der Gefragte: „Ich bin kein Dogmatiker, sondern Kirchenjurist und Diplomat. Darum kann ich über die dogmatischen Fragen, die vom Präfekten der Glaubenskongregation erörtert wurden, schwer ein Urteil abgeben. Aber bei allem Respekt vor seiner Sachkenntnis scheint es mir doch, daß er die dogmatische Tradition der Kirche zu ungeschichtlich und statisch versteht. Meines Wissens gibt es über diese Frage innerhalb der katholischen Theologie heute auch andere, wohlbegründete Auffassungen.

Die Bedenken der Kurienkardinäle hinsichtlich der Opportunität einer neuen ökumenischen Initiative jedoch kann ich auf Grund meiner eigenen Sicht der gegenwärtigen Situation nur bestätigen. Diese Bedenken sind auch die meinen. Ein solcher Einsatz wäre in der Tat mit dem Risiko verbunden, daß die innerkatholische Einheit geschwächt und die Einheit mit den anderen Kirchen doch nicht erreicht würde. Zugleich aber ist mir klar, daß der Gesichtspunkt der Opportunität in einer so wichtigen Frage nicht allein ausschlaggebend sein kann. Es gibt in der Kirchengeschichte genug Beispiele dafür, daß durch Entschlüsse, die von vornherein unrealistisch und aussichtslos zu sein schienen, erhebliche Fortschritte erzielt wurden. Die Entscheidung darüber, ob ein solches Wagnis in der ökumenischen Frage im Augenblick geboten ist, liegt allein bei Eurer Heiligkeit. Ich habe das Vertrauen, daß Eure Heiligkeit das geistliche Sensorium dafür haben, was die katholische Kirche heute im Gehorsam gegen ihren Herrn der Menschheit schuldet."

In den Tagen nach diesem Gespräch hatte der Papst noch manchen Austausch mit anderen Gliedern der Kurie über diese Fragen – teils innerhalb der routinemäßig stattfindenden Ressortbesprechungen, teils in besonders erbetenen Privataudienzen. Es gab Stimmen, die nicht nur auf mögliche Gefahren der Inopportunität hinwiesen, sondern die eine Katastrophe auf die Kirche zukommen sahen und den Papst geradezu beschworen, von seinem Vorhaben Abstand zu nehmen und das Gebäude der katholischen Kirche nicht zu zerstören. Es fiel ihm hierbei das Gerücht wieder ein, daß während des letzten Konzils ein betagter Bischof den Papst Johannes XXIII. kniefällig gebeten hatte, doch dafür Sorge zu sorgen, daß er noch in der katholischen Kirche sterben dürfe, bevor sie infolge der geplanten Reformen aufhöre, die katholische Kirche zu sein.

KAPITEL

Wenngleich der Papst mit Schwierigkeiten bei einzelnen Mitgliedern der Kurie gerechnet hatte, war er doch von der Breite der Ablehnung und der Sicherheit der Gegenargumente sehr betroffen. Zwar hatte er Verständnis dafür, daß die Kurie sich von jeher gegenüber neuen geistlichen Bewegungen zunächst abwartend verhielt. Er wußte, daß die zentrale Verwaltung dieser großen weltweiten Kirche nur mit einem stabilen Gefüge funktionieren konnte, aber daß diese Stabilität in einem solchen Maße Selbstzweck geworden war, daß die ökumenische Aufgabe nicht nur als zusätzliche Arbeitsbelastung, sondern als gefährliche Störung abgelehnt wurde, überraschte ihn doch – dies um so mehr, als ja die Einigung der Christen bereits längst vor seinem Pontifikat von höchster Stelle zur Aufgabe der katholischen Kirche erklärt und diese Zielsetzung niemals offiziell zurückgenommen worden war. Dabei war er über die teils zurückhaltende, teils ablehnende Reaktion der Kardinäle weniger enttäuscht als besorgt. Denn welch ein Reichtum geistlichen Geschehens blieb ihnen bei dieser Einstellung den anderen Kirchen gegenüber verschlossen! So bemühte er sich in der Folgezeit, seine Sicht den Mitarbeitern besser verständlich zu machen.

Gleichzeitig wurde ihm aber auch immer deutlicher, daß ihm in der Stimme der Kurienkardinäle keineswegs die Stimme der ganzen Kirche begegnet war. Je mehr es sich herumsprach, daß er sich den anderen Christen wieder stärker zuwenden und dem ökumenischen Aufbruch neuen Raum gewähren wollte, desto mehr fielen manche Hemmungen fort, und es wurden Stimmen derer freimütig laut, die am Ziel der Einheit auch in den Jahren festgehalten hatten, als es an oberster Stelle in den Hintergrund getreten war. Hatte in den Berichten der Bischöfe, die aus aller Welt zu ihren pflichtgemäßen Besuchen nach Rom kamen, zunächst der Eindruck überwogen, daß das Fortbestehen gemeinsamer Aktivitäten mit anderen Christen für sie eine Verlegenheit darstellte, so wurden nun auch die Äußerungen solcher Bischöfe laut, die für diese Aktivitäten die Erlaubnis und Förderung vom obersten Hirtenamt erbaten.

So sprach ein afrikanischer Bischof sehr offen und nachdrücklich von der Notwendigkeit des gemeinsamen Christuszeugnisses der getrennten Kirchen seines Bereiches gegenüber dem Ansturm des Islam und des Säkularismus, und er fügte hinzu, daß dies auch die Überzeugung vieler anderer katholischer Bischöfe in Afrika sei. Ein brasilianischer Bischof legte dar, daß er im Kampf gegen Verelendung und Lethargie sowie gegen heidnische afrikanische und indianische Kulte eine engere Zusammenarbeit mit den dortigen evangelischen Kirchen für unerläßlich halte. Ein indischer Bischof schilderte mit bewegten Worten, wie der gespaltene Zustand der Christenheit viele Inder, die von der Gestalt Jesu tief beeindruckt seien, daran hindere, sich taufen zu lassen, da die Taufe nicht nur eine Entscheidung für Christus, sondern auch eine Wahl zwischen den miteinander konkurrierenden christlichen Kirchen voraussetze. Derselbe Bischof wies auch darauf hin, daß die Spaltungen auf der einen Seite eine kastenartige Abkapselung der einzelnen Konfessionen, auf der anderen Seite die Gefahr einer synkretistischen Auflösung in den Hinduismus mit sich bringe. Vorwärtsdrängende Stimmen wurden auch aus Westeuropa und Nordamerika laut. Hinter solchen Berichten stand keineswegs nur die Sorge um die kirchliche Selbsterhaltung in den Stürmen der Zeit, sondern die beglückende Erfahrung einer lebendigen Gemeinschaft im Glauben.

Ähnliche Beobachtungen machte der Papst in seinen öffentlichen Audienzen, in denen er allwöchentlich zu Tausenden sprach. Je mehr er seines ökumenischen Auftrags gewiß wurde, desto mehr ließ er diese Gedanken auch in seine Ansprachen einfließen. Nicht selten verließ er das vorbereitete Manuskript und sprach zu den Versammelten in freier und direkter Weise über die von Christus gewollte Einheit und über die Notwendigkeit der Buße und des gemeinsamen Dienstes an der Welt. Der Widerhall, den solche Sätze fanden, machte ihm deutlich, daß die Sehnsucht nach den getrennten Brüdern im katholischen Kirchenvolk lebendiger war, als er bisher auf Grund amtlicher Berichte angenommen hatte. Zwar schienen seine Ausführungen bei manchen Hörern Verwunderung zu erregen. Aber wenn sie sich dann schweigend verhielten, hatte er weniger den Eindruck, daß sie ablehnend, sondern daß sie nachdenklich reagierten. Bei vielen aber lösten solche Sätze starken Beifall aus. Ganz besondere Begeisterung fanden sie bei den jungen Theologen aus aller Welt, die in Rom an päpstlichen Universitäten und an den Ordenshochschulen studierten. Das ökumenische Feuer, das nach dem Konzil hell gelodert hatte, war nicht erloschen. Auch wenn es in den letzten Jahren nur verborgen unter der Oberfläche weitergeglost hatte, brach doch die Flamme wieder hervor, sobald der Geist der Liebe die glimmenden Funken entfachte.

Am meisten machten dem Papst die Ausführungen des Präfekten der Glaubenskongregation zu schaffen. Denn die Wahrung der katholischen Lehre war ihm die selbstverständliche höchste Pflicht. Er suchte Rat bei einem französischen Pater, der schon in sehr jungen Jahren als so bedeutend gegolten hatte, daß er damals als theologischer Berater zum Zweiten Vatikanischen Konzil hinzugezogen worden war, und der nun an einer der päpstlichen Universitäten unterrichtete. Ihn bat er zu sich und legte ihm die aufgebrochenen Fragen vor. Der Gelehrte gab ihm genaueste Auskunft über die Vorgänge auf dem Konzil, über die vorwärtsdrängenden und die sich widersetzenden Kräfte, über die Gegensätze in der Beurteilung der anderen Kirchen und über den Kompromißcharakter mancher Formulierungen in den Beschlüssen. Der ökumenische Aufbruch sei damals von den einen als Bruch mit der bisherigen Lehre der katholischen Kirche beklagt, von den anderen als ein erster Anfang begrüßt worden, bei dem man keinesfalls stehenbleiben dürfe. Diese Auskünfte bestätigten dem Papst sein eigenes Verständnis dieses Konzils. Neu waren ihm hingegen die Ausführungen des Paters über die Erforschung der Wandlungen, die das Verständnis des Bekenntnisses, der apostolischen Überlieferung und der apostolischen Sukzession von den Anfängen der Kirche an durchgemacht hatte. Viel stärker, als es die Vorstellung von einer geradlinig fortschreitenden Dogmenentwicklung erkennen ließ, seien die Dogmen der Kirche als Aussagen des Glaubens in ganz bestimmten geschichtlichen Fronten zu verstehen – in Fronten, die keineswegs zu allen Zeiten dieselben sind. Neu waren dem Papst auch die Auslegungsmethoden, die in der jüngsten Zeit entwickelt worden waren, um aus der historisch bedingten Gestalt des Dogmas den verpflichtenden Gehalt zu erheben, der für den Glauben auch in sehr anderen geschichtlichen Situationen der Gegenwart maßgeblich bleibt. Neu war ihm auch der Hinweis darauf, daß es in der Geschichte der Kirche bei genauerem Zusehen gewisse Zickzackbewegungen in der Dogmenentwicklung und sogar ein gewisses Verblassen von einzelnen Dogmen gegeben habe und daß dies gerade um der beharrlichen Bezeugung des unwandelbaren Urdogmas, nämlich des Christusbekenntnisses willen, notwendig sei. Denn die Identität des christlichen Glaubens fordere ja die Aktualität seiner Bezeugung in der jeweiligen Gegenwart.

Wenngleich der Papst erkannte, daß hier die wissenschaftliche Arbeit in dieselbe Richtung wies, die er in intuitiver Weise eingeschlagen hatte, machte er sich die Zustimmung doch nicht leicht. Er fragte zurück, ob die Sorge der Glaubenskongregation nicht doch berechtigt war, daß die bleibende Geltung des Dogmas erschüttert und Klerus und Laien in eine Ungewißheit des Glaubens gestoßen würden: „Versinkt die Geltung der Dogmen dann nicht in einem Relativismus willkürlicher Umdeutungen?"

Mit großer Bestimmtheit und mühsam unterdrückter Erregung antwortete der Pater: „Heiliger Vater, das Dogma der katholischen Kirche verliert heute bei unzähligen Gläubigen dadurch an Geltung und bei der Umwelt dadurch an Interesse, daß es von der Glaubenskongregation im Grunde nur rezitiert, aber nicht interpretiert wird.

Es liegt mir völlig fern, irgendeines der Mitglieder dieser Behörde persönlich anzugreifen. Sie sind davon überzeugt, daß die Kirche nur auf diese Weise erhalten werden kann. Aber es besteht eine tiefe Kluft zwischen der Kongregation und der Mehrzahl der Theologen, die mit den Problemen und Nöten der Menschen heute ringen. Diese Kluft ist dadurch noch vertieft, daß diese Behörde ihren großen Einfluß auch auf sonstige Entscheidungen der Kurie bis hin zu den Besetzungen der Bischofssitze und der theologischen Lehrstühle zur Durchsetzung ihrer Position und zur Zurückdrängung wissenschaftlicher Einsichten geltend macht, die keineswegs nur die meinen sind, sondern heute quer durch die Kirchen hindurchgehen. Natürlich ist mit diesen Erkenntnissen die Gefahr eines Relativismus verbunden, wenn das oberste Lehramt der Kirche schweigt. Aber dieses Lehramt hat die Vollmacht, im Wechsel der geschichtlichen Situationen zu verkünden, was die apostolische Überlieferung von uns heute verlangt. Heiliger Vater, ich bitte Sie, sprechen Sie ein öffentliches, klärendes Wort, das die Kirche vorwärts weist – ein Wort, durch das sie aus ihrer jetzigen Lethargie herausgerissen wird!"

Der Papst besprach sich auch mit anderen Theologen verschiedener Herkunft, deren wissenschaftliches Denken in besonderer Weise von dem Ringen um die Menschen in ihren Zweifeln und in ihrem sozialen Elend bestimmt war. Dabei wurden die Gedanken, die ihm der französische Gelehrte vorgetragen hatte, weithin bestätigt, auch dessen Andeutungen über die Schwierigkeiten im Umgang mit der Glaubenskongregation. Im Verlauf dieser Wochen bemerkte er auch, daß innerhalb der Kurie selbst Spannungen zwischen maßgebenden älteren Persönlichkeiten und manchen jüngeren Mitarbeitern bestanden. Am tiefsten bewegte ihn das Gespräch mit einem Bischof polnischer Herkunft, der einst als junger Missionar nach China gesandt, dort heimlich zum Bischof geweiht und nun nach jahrzehntelanger Gefangenschaft als alter Mann zurückgekehrt war. Unter allerschwersten Bedingungen hatte er diese Zeit in chinesischen Gefängnissen und Arbeitslagern verbracht. Oft war er dem Tode nahe gewesen. Aber immer wieder hatte er Christen gefunden, sie versammelt und mit ihnen die Eucharistie gefeiert. Es ging ein eigenartiges Strahlen von ihm aus. Was er von den Leiden der Christen aus jenen Jahren berichtete, war erschreckend. Aber noch mehr erschrak der Papst, als dieser Bischof sich vor ihm niederwarf und ihn um Vergebung bat. Zögernd bekannte er, daß er in der Gefangenschaft die Eucharistie auch mit Gliedern anderer christlicher Gemeinschaften gefeiert habe, und zwar nicht nur so, daß er ihnen das Sakrament gespendet, sondern es auch aus der Hand nichtkatholischer Pfarrer und Missionare empfangen habe. Es wäre ihm wie eine Verleugnung des gegenwärtigen Christus erschienen, wenn er sich dieser Gemeinschaft im Herrenmahl entzogen hätte. Aber er wisse, er habe damit gegen die Ordnung der katholischen Kirche verstoßen. Der Papst wehrte erschrocken ab: „Mein Bruder, wie sollte ich Dir vergeben, was Christus Dir geboten hat? Gehe hin in Frieden!" Tiefbewegt hob er ihn auf, umarmte und küßte ihn.

Unter diesen Eindrücken, die ihn in seiner Sicht bestärkten, vergaß der Papst die Einwände nicht, die er von seinen nächsten Mitarbeitern in der Kurie gehört hatte. Immer wieder erwog er sie. Denn er war sich bewußt, eine Verantwortung für alle zu tragen, und er erkannte, daß die Einheit der katholischen Kirche noch immer stärker gefährdet war, als er zuerst angenommen hatte. Zweifellos traf die Meinung der Kurie nicht zu, daß die innerkirchliche Polarisierung der früheren Jahre überwunden sei. Es schien ihm, daß die Gegensätze zwischen Leitung und Basis der Kirche zu bedrohlichen Gewissenskonflikten und Unwahrhaftigkeiten geführt hatten.

Welche Kräfte würden die stärkeren sein? Je mehr der Papst über die gegenwärtigen Kräfteverhältnisse und über ihre vermutlichen Auswirkungen nachdachte, um so deutlicher wurde ihm, daß nicht die Erfolgsaussichten, sondern allein der Wille des Herrn für sein weiteres Handeln maßgebend sein mußte – der Wille Christi, der zu seinem Vater gebetet hatte, „daß alle eins seien".

Der Papst teilte daher dem Kardinalstaatssekretär mit, daß er sich nach sorgfältiger Prüfung aller Einwände, die ihm von seiten der Kardinäle vorgetragen worden waren, doch entschlossen habe, in einem Hirtenbrief an die katholischen Bischöfe zu einer neuen ökumenischen Initiative aufzurufen. Er fügte hinzu: „Mit besonderer Sorgfalt habe ich die theologischen Einwände überprüft, die vom Präfekten der

Glaubenskongregation geltend gemacht wurden. Ich habe dieselben Probleme auch noch mit anderen Theologen besprochen, und dabei wurde mir bestätigt, was Sie mir bereits angedeutet hatten. Es gibt katholische Schulmeinungen, die den heutigen pastoralen Erfordernissen besser entsprechen dürften. Ich habe mich davon überzeugt, daß jene theologischen Einwände nicht stichhaltig sind und mich nicht zu hindern brauchen. Eher haben sich mir die Bedenken bestätigt, die Sie hinsichtlich der Opportunität einer neuen ökumenischen Initiative vorgetragen haben. Zwar habe ich auch da festgestellt, daß die ökumenische Sehnsucht in der katholischen Kirche noch immer viel stärker ist, als hier in Rom angenommen wird, aber es ist mir in diesen Wochen auch deutlich geworden, daß zumindest in der Kurie stärkere Hemmungen gegenüber neuen ökumenischen Initiativen bestehen, als ich ursprünglich angenommen hatte. Wenn ich mich trotzdem zu einem ökumenischen Vorstoß entschlossen habe, so bitte ich, darin keine Mißachtung der mir von Ihnen vorgetragenen Bedenken zu sehen. Doch ist die Einigung der Christen ein so dringliches Gebot, daß wir uns ihm nicht entziehen dürfen und die Schwierigkeiten, die dabei entstehen, in Kauf nehmen müssen. Ich bitte Sie herzlich, mir bei diesen Schritten beizustehen."

In seiner Antwort verschwieg der Kardinalstaatssekretär nicht, daß seine Bedenken hinsichtlich der Opportunität nach wie vor bestünden. Er meine auch, nicht verschweigen zu dürfen, daß ihm inzwischen das böse Wort „Häresieverdacht" zu Ohren gekommen sei, in dem die ökumenischen Gedanken des Papstes stünden. Diese Verdächtigung sei natürlich absurd, und er glaube auch nicht, daß sie viel Widerhall finden würde. Aber sie könne, auch wenn nur wenige sie aufgriffen, doch große Schwierigkeiten bereiten. Dann fuhr er fort: „Es steht für mich zweifelsfrei fest, daß Eure Heiligkeit das Recht haben, diesen Entschluß zu fassen, und es ist für mich selbstverständlich, daß ich Eurer Heiligkeit bei der Durchführung mit allen Kräften diene. Freilich sind meine Fähigkeiten gerade für diese Aufgabe begrenzt. Ich habe nur eine geringe Kenntnis von den anderen Kirchen und bin den theologischen Fragen nicht gewachsen, die sich in der Begegnung mit ihnen ergeben werden. Ich würde deshalb raten, dem Sekretariat für die Förderung der Einheit der Christen wieder einen Präsidenten zu geben, der diese mir fehlenden Voraussetzungen besitzt. Auch müßte eine größere Zahl geeigneter Kenner der anderen Kirchen und kirchlichen Gemeinschaften als vollamtliche Mitarbeiter in das Sekretariat berufen werden. Selbstverständlich würde ich gerne alles tun, um die Arbeit des Sekretariates zu unterstützen."

Der Papst dankte ihm mit warmen Worten für seine Bereitschaft und versprach ihm, seinen Vorschlag zu überdenken. Zugleich bat er ihn, den anderen Kardinälen seinen Entschluß mitzuteilen und auch sie darum zu bitten, ihn in ihren Kongregationen bei der Durchführung dieses Entschlusses zu unterstützen.

Danach begann der Papst, einen Hirtenbrief an die Bischöfe der katholischen Kirche in der ganzen Welt zu schreiben, der dann am ersten Adventssonntag von allen Kanzeln verlesen werden sollte. Darin legte er unter Berücksichtigung der Gespräche, die er inzwischen geführt hatte, die Gedanken dar, die er erstmalig den Kardinälen vorgetragen hatte. Dabei war er bemüht, Mißverständnisse zu vermeiden, die sich damals ergeben hatten. Aber in der Sache blieben die ursprünglichen Gedanken unverändert, ja, sie wurden eher noch eindringlicher und beschwörender zum Ausdruck gebracht. Bei der Niederschrift dachte er nicht nur an die katholischen Gemeinden, auf deren Kanzeln die Enzyklika verlesen werden sollte, sondern auch an die Bischöfe, Pfarrer und Gemeinden der anderen Kirchen, denen diese Enzyklika, auch wenn sie sich nicht direkt an sie wandte, doch durch die Veröffentlichung ebenfalls zur Kenntnis gelangen würde. Die Anfangsworte, nach denen sie ihren Namen erhalten würde, wählte er aus dem Römerbrief aus der Epistel des ersten Adventsonntages: „Die Nacht ist vorgerückt, der Tag ist nahe."

Nach der Fertigstellung gab der Papst das Manuskript dem Kardinalstaatssekretär und einigen theologischen Beratern zur Durchsicht und bat sie um ihre Verbesserungsvorschläge. Nach einer nochmaligen Überarbeitung ließ er das Schriftstück von einem Fachmann ins Kirchenlatein übertragen und gab den Text dann dem Kardinalstaatssekretär zur Ausfertigung durch die zuständige Kanzlei und zur Weitergabe an die vatikanische Druckerei.

KAPITEL

Nach einiger Zeit wünschte der Papst den inzwischen vom Setzer gesetzten Text seiner Enzyklika nochmals zu sehen, um eine kleine Verbesserung einzufügen. Er sandte seinen Privatsekretär in die vatikanische Druckerei, um die Korrekturfahnen zu holen. Bei ihrer Durchsicht fand der Papst zu seiner Überraschung die gesuchte Stelle nicht, und bei weiterem Lesen bemerkte er, daß sein Text an einigen Stellen verändert war. Seine Worte über die Schuld der katholischen Kirche, über das Wirken Christi in den anderen Kirchen und über die notwendige Korrektur des zentralistischen und uniformistischen Einheitsverständnisses waren sehr abgeschwächt. Das Besondere seines Aufrufes zur Gemeinschaft und seines Verständnisses des päpstlichen Amtes war nicht mehr zu erkennen. Er suchte den veränderten Text mit den Augen der Adressaten zu lesen, an die er bei der Niederschrift der Enzyklika gedacht hatte. Was würden sie daraus entnehmen? Für die meisten würde dieser Hirtenbrief nur die Wiederholung der altbekannten Formeln sein, die nicht weitergeführt hatten. Für die Nichtkatholiken wäre er die erneute Beteuerung der römischen Kirche, die allein wahre Kirche zu sein, und die Einladung, durch

Unterstellung unter den Papst wieder in ihre Einheit zurückzukehren. Der veränderte Text würde zwar kaum noch die Bedenken der Kurie hervorrufen, aber er würde auch keinen Schritt weiterführen. Man würde höchstens fragen, warum der Papst solche allen bekannte Gedanken jetzt nochmals aussprach.

Was war mit diesen Veränderungen beabsichtigt? Ging es nur um einen Vorschlag von Textänderungen, die man ihm vor der Veröffentlichung zur Entscheidung vorlegen wollte? Aber dazu hätte es nicht des Druckes bedurft. Oder wollte man ihn durch die Veröffentlichung des veränderten Textes vor vollendete Tatsachen stellen und sein weiteres Handeln auf die Grenzen festlegen, die dieser Text beinhaltete? Andererseits konnte der Urheber der Korrekturen nicht damit rechnen, daß sich der Papst durch eine solche Manipulation gebunden fühlte. Oder hatte man vor, ihm die Veröffentlichung dieser veränderten Formulierungen zu verheimlichen? Wollte man ihm einen Abdruck des unveränderten Textes vorlegen, der Öffentlichkeit aber den veränderten übergeben? Er erinnerte sich, gehört zu haben, daß man bei untragbaren Hirtenbriefen eines altersschwachen Erzbischofs sich so geholfen hatte. Für diesen selbst hatte man seinen ursprünglichen, für die Öffentlichkeit aber einen überarbeiteten Text gedruckt. Man hatte das damals zwar als peinlich empfunden, aber war der Überzeugung gewesen, daß in diesem Fall die Lüge um der Sache willen gerechtfertigt war. Versuchte man so etwas auch mit ihm? Der Papst schämte sich dieses Verdachtes und hoffte, er würde sich als unbegründet erweisen.

Nochmals schickte er darum seinen Sekretär in die Druckerei mit dem Auftrag, nach einem anderen Satz der Enzyklika zu fragen. Und in der Tat war auch sein Originaltext gesetzt worden; nur wußte der Setzer nicht, welche Bewandtnis es mit den beiden Texten hatte. Er hatte beide Fassungen mit dem Auftrag erhalten, sie beide zu setzen. Der Papst überlegte, ob es sich bei dem veränderten Text vielleicht doch nur um einen Vorschlag handeln könnte. Aber es schien ihm die Annahme eines Hintergehungsversuches doch näherzuliegen. Wäre dieser veränderte Wortlaut hinter seinem Rücken veröffentlicht worden, dann hätte er ahnungslos und vergeblich auf einen Widerhall gewartet.

Nun, da sein Mißtrauen geweckt war, fielen ihm Beobachtungen wieder ein, die er in den letzten Monaten gemacht, denen er aber bisher keine Bedeutung beigemessen hatte. Es war ihm mehrfach aufgefallen, daß der Text seiner Reden in vatikanischen Presseberichten verändert und ohne die von ihm vorgenommenen Hervorhebungen wiedergegeben war. Er hatte sich damit beruhigt, daß er schon als Student von einem seiner Professoren gehört hatte: „Ich möchte nicht Papst sein und dann im Osservatore Romano Reden von mir lesen, die ich so nicht gehalten habe." Sie hatten damals darüber gelacht. Auch war ihm aufgefallen, daß Sorgen über seine Gesundheit verbreitet wurden, wenngleich er völlig gesund war und die Untersuchungen der Ärzte dies schon seit über zwei Jahren immer wieder feststellten. Sollte dadurch das Kirchenvolk vor zu großen Erwartungen zurückgehalten werden? Er hatte auch gehört, daß nichtkonformistische Besucher Schwierigkeiten hatten, zu einer Audienz bei ihm zugelassen zu werden. Es konnten dies ganz harmlose Versehen gewesen sein. Aber war nicht vielleicht mit alledem eine Isolierung seiner Person von der Umwelt beabsichtigt?

Wer hatte den Text der Enzyklika verändert? Das Manuskript war bis zur Druckerei durch mehrere Hände gegangen. Die Urheberschaft oder auch nur Mitwisserschaft des Kardinalstaatssekretärs schloß er von vornherein aus. Der weitere Weg des Manuskriptes ließ sich gewiß feststellen. Es würde wohl nicht schwer sein, den Täter herauszufinden. Er war offensichtlich mit den Verhältnissen in der vatikanischen Verwaltung vertraut und wußte um die Bedenken, die gegenüber der Enzyklika bestanden. Der Papst versuchte, sich in ihn hineinzuversetzen. Was würde er bei einer Gegenüberstellung wohl sagen? Wahrscheinlich würde er antworten: „Heiliger Vater, ich dachte an Dein ehrwürdiges Alter, an den Segen, der von Deinem Pontifikat ausgegangen ist. Ich dachte an die Liebe und an das Vertrauen, das alle Gläubigen Dir entgegenbringen, und an das Ansehen, das Du in der ganzen Welt genießt. Ich wollte nur verhindern, daß das katholische Kirchenvolk verwirrt und Dein Ansehen Schaden nehmen würde." – Unwillkürlich mußte der Papst lächeln.

War der Täter ein einzelner oder hatte er Helfer und Auftraggeber? Er hatte ja damit rechnen müssen, daß seine Fälschung nach einiger Zeit entdeckt würde – vom Papst oder von anderen. Ob er sie unter diesen Umständen auf eigene Faust gewagt hatte? Oder war er einer Rückendeckung durch andere sicher? Hätte er diesen Schritt getan, wenn er nicht zumindest mit dem Dank derer hätte rechnen können, die die Enzyklika ablehnten? War er Exponent einer Gruppe? Wie groß war diese Gruppe? Wie weit war noch Verlaß auf seine Umgebung?

Die Entdeckung der Textveränderungen erschütterte den Papst sehr. Zwar hatte er bereits erlebt, wie einsam ein Papst schon dadurch ist, daß sein Amt ihn in einzigartiger Weise heraushebt über alle anderen Ämter und Glieder der Kirche. Aber die Einsamkeit, die er jetzt empfand, war von anderer Art. Er fühlte sich von einer Mauer des Mißverstehens, ja, der Gegnerschaft und des Verrates umgeben.

Er sah sich als Gefangener. Natürlich waren die Kommunikationsmöglichkeiten mit der Umwelt für jeden Papst beschränkter als für einen Bischof oder gar einen Priester. Er war bei der Größe der katholischen Kirche mehr als jeder andere auf Informationen und Vorschläge derer angewiesen, die ihn umgaben – bis hin zur Auswahl der Menschen, die zu den Audienzen zugelassen wurden. Jetzt aber fühlte er sich als Gefangener nicht nur des höfischen Zeremoniells und des Systems der vatikanischen Verwaltung, sondern als Gefangener in einem viel bedrohlicheren Sinn. Bisher hatte er darauf vertraut, daß die Arbeit in allen Abteilungen der Kurie seinen Intentionen und Weisungen gemäß erfolgte. In diesem Vertrauen war er nun erschüttert. Seine ihm bisher selbstverständliche Freiheit, die Kirche und die Welt durch die kurialen Organe zu erreichen, war ihm durch die Textveränderungen in Frage gestellt. Andere hatten beansprucht, die Worte zu bestimmen, in denen er der Öffentlichkeit begegnen sollte. Diese Entdeckung war ihm um so unheimlicher, als er nicht wußte, wie weit der Kreis der Personen reichte, die ihm die Freiheit nahmen. Was konnte er tun, wenn Menschen mit Anliegen, die seiner Umgebung mißfielen, von ihm ferngehalten, wenn ihre Briefe ihm nicht vorgelegt und ihre Audienzgesuche abgelehnt würden? Was konnte er selbst dagegen tun, wenn er der Öffentlichkeit als krank gemeldet würde und mit dieser Begründung die großen Generalaudienzen abgesetzt würden?

War das Verhältnis von Papst und Kurie hier nicht auf den Kopf gestellt? Die Kurie war dazu bestimmt, ausführendes Organ des Papstes zu sein. Aber war nicht faktisch aus dem Organ der päpstlichen Kommunikation mit Kirche und Welt eine selbständige Größe geworden? Bestimmte nicht sie das Bild des obersten Hirten, das der Öffentlichkeit sichtbar wurde? Beanspruchte sie nicht ein Wächteramt über sein Reden und Handeln? Wurde die päpstliche Regierungsgewalt über die Kirche nicht faktisch von anderen ausgeübt?

Aber der Papst wollte seinen Mitarbeitern nicht Unrecht tun. So paradox ihm diese Situation erschien – mußte sich eine solche Gewichtsverschiebung nicht mit einer gewissen Konsequenz ergeben? War sie nicht eine unvermeidliche Folge davon, daß im päpstlichen Amt sehr viel mehr Macht konzentriert war, als ein einzelner Mensch ausüben konnte? Hatte der päpstliche Zentralismus nicht dahin führen müssen, daß die Kurie eine Macht bekam, die die Entscheidungsfreiheit des Papstes faktisch begrenzte? Waren nicht auch seine kurialen Mitarbeiter Opfer dieses Systems?

Was sollte er tun?

Sollte er eine Untersuchung des Vorfalls veranlassen? Sollte er die vatikanische Gerichtsbarkeit damit beauftragen, den oder die Täter, ihre Auftraggeber, Helfer und Mitwisser festzustellen und mit aller Strenge zu bestrafen – ohne Rücksicht darauf, wie viele Prälaten davon betroffen würden und wie groß die Zahl ihrer Sympathisanten wäre? Er war davon überzeugt, daß auch unter denen, die seiner Enzyklika kritisch gegenüberstanden, genug rechtlich denkende Männer waren, die jene Fälschung ablehnten und eine solche Untersuchung für nötig hielten. Selbst wenn bei der Ermittlung Einzelheiten von Sympathisanten vertuscht werden sollten, konnte diese doch eine Klärung und Reinigung zur Folge haben. Müßte er nicht versuchen, auf diese Weise die Wände seines Gefängnisses zu durchbrechen und die Veröffentlichung des Originaltextes seiner Enzyklika durchzusetzen?

Oder sollte er nachgeben? Sollte er die Enzyklika zurückstellen und sich in der Beziehung zu den anderen Kirchen auf das beschränken, was in Übereinstimmung mit seinen Mitarbeitern möglich war? Es gab ja wahrlich genug andere Aufgaben. Dann wäre im Vatikan wohl wieder Friede. Alle würden sich freuen, und vielleicht würden sogar gerade jene, welche die schwersten Bedenken hatten, ihm die ergebensten Mitarbeiter sein, weil er ihnen eine große Sorge abgenommen hätte. Aber würde dann nicht alles beim alten bleiben? Wäre er dann nicht ungehorsam gegenüber dem Auftrag, den er empfangen hatte?

Oder sollte er tatsächlich die Flucht in die Krankheit antreten? Er liebte keinen Streit, und besonders seit seiner Krankheit bereiteten ihm Streitigkeiten geradezu physische Schmerzen. Aber durfte er seiner Aufgabe untreu werden, nachdem er solche Einblicke in den Zustand der Christenheit getan hatte? Würde er dann nicht den Willen des Herrn verleugnen, und müßte er sich nicht wie der Mietling des Gleichnisses vorkommen, der die Herde im Augenblick der Gefahr verläßt?

Unbeweglich und in sich zusammengesunken saß der Papst in seinem Sessel. Seine Hände hingen über die Armlehnen herab. Seine Gedanken gingen die letzten Jahre durch, beginnend mit dem Augenblick, da er nach jener Seligsprechung in der Peterskirche aus seinem Wirken plötzlich herausgerissen wurde. Die Tage, in denen er sein Leben bereits in die Hand seines Schöpfers zurückgegeben und es neu empfangen hatte, wurden ihm wieder lebendig. Er erinnerte sich an die eigentümliche Fremdheit, in der ihm damals die Umwelt und sein bisheriges Wirken erschienen waren. Es wurde ihm wieder bewußt, wie aus der Fremdheit eine Unruhe, eine Angst, das Gefühl, etwas Wichtiges versäumt zu haben und ständig weiter zu versäumen, entstanden war und wie sich die Erfahrung der Gottesferne und des göttlichen Gerichts immer mehr verdichtet hatte. Aber noch lebendiger, so als wäre es erst gestern geschehen, stand vor seinen Augen die Gestalt des Herrn, der ihm damals dreimal erschienen war – eine Erscheinung, die zuerst sein Entsetzen gesteigert, ihm aber dann Befreiung und Frieden geschenkt hatte. Das war die Beglückung:

überwältigt zu sein von der Liebe Gottes, die alle Gegensätze der Welt umgreift und überwindet – von der Liebe, die auch nicht aufhört, sich in den getrennten Teilen der Christenheit mächtig zu erweisen. Diese Empfindung hatte ihn seitdem nicht wieder verlassen; die Freude, im Dienst dieser Liebe zu stehen, im Dienst des Willens Christi, „daß alle eins seien".

In seiner Erinnerung tauchten auch die Worte seines Beichtvaters wieder auf, der ihn mit Nachdruck davor gewarnt hatte, die Fragwürdigkeit von Visionen zu unterschätzen und eine Privatoffenbarung zur Norm seines kirchenleitenden Handelns zu machen. Aber hatte er seither den Zustand der Christenheit nicht gründlich erforscht? War nicht die Lehre der Apostel die Norm gewesen, an der er sich orientiert hatte? Hatte er nicht gerade dabei erkannt, was ihm auch die Visionen deutlich machen sollten: daß der Christusleib zerrissen war und dennoch vom Blut Christi durchpulst wurde? Gewiß, ohne die Visionen hätte sich ihm die Aufgabe, die Wiedervereinigung herbeizuführen, nicht so unabdingbar aufgedrängt. Doch war das keine grundlegend neue Aufgabe, er hätte sie auch aus den Texten der Heiligen Schrift herauslesen müssen. Die Visionen hatten lediglich seine Blindheit durchbrochen und ihn zu eigenem Fragen und Forschen gedrängt.

Er bedachte auch die kritischen Fragen, mit denen sein Beichtvater noch vor kurzem auf seine damaligen Warnungen zurückgekommen war. In Sorge hatte er ihn gefragt, ob nicht doch die Visionen zur Norm seines päpstlichen Handelns geworden seien, ob sie ihn nicht vielleicht blind gemacht hätten für die Gefahren, die sich aus seinem Vorhaben für die Einheit der katholischen Kirche ergäben, ob er, anstatt die ihm nahen Glieder seiner Kirche zu lieben, nicht eine Flucht in eine utopische Ferne antrete, indem er nach einem Ziele greife, das seine Verwirklichung erst am Jüngsten Tage durch die Wiederkunft Christi finden könne. Er hatte ihn auch gefragt, ob er sein hohes Alter genügend bedacht habe und die Grenzen, die seinem Wirken dadurch gesetzt seien? Je mehr der Papst solchen Fragen nachgab, desto mehr senkte sich auf ihn wieder das Dunkel herab, unter dem er einst gelitten hatte. Doch dann fiel ihm das Wort des Herrn wieder ein, das

er bei seiner letzten Vision gehört hatte: „Folge mir nach!" Dieses Wort
hatte der irdische Jesus seinen Jüngern zugerufen. Dasselbe Wort hatte der Auferstandene dem Petrus gesagt. Für alle Zeit war jedem Christen geboten: „Wenn jemand mir nachfolgen will, so sage er sich los
von sich selbst, nehme sein Kreuz auf sich und folge mir nach." Galt
dieses Wort auch ihm, dann durfte er sich über seine gegenwärtige
Situation nicht wundern. Hatte Jesu Friedensbotschaft Streit ausgelöst und seine Gemeinschaft mit den Sündern die Feindschaft der
Frommen erregt – konnten dann seine Nachfolger etwas anderes erwarten? Und wurde Jesus schließlich von seinen engsten Mitarbeitern
nicht verstanden, ja, verraten, verleugnet und verlassen, durften sich
dann seine Nachfolger durch ähnliche Erfahrungen befremdet fühlen?
Durften sie sich dadurch in ihrem Auftrag beirren lassen?

Mit dieser Einsicht war jedoch die Frage noch nicht beantwortet,
was er nun tun sollte. Was wäre Nachfolge Jesu in der jetzigen Situation? Sollte er anklagen oder schweigen, richten oder sich richten
lassen, gegen den Widerstand ankämpfen oder ihn erleiden? Sollte er
seine Enzyklika mit Gewalt durchsetzen oder auf sie verzichten? Jesus
hatte beides getan: Er hatte die Schriftgelehrten und Pharisäer ange-
griffen, und in derselben Freiheit hatte er zu ihren Beschuldigungen
geschwiegen; er hatte gekämpft und wehrlos gelitten. Durch beides
hatte er göttlichen Frieden gebracht.

Je länger der Papst über dies alles nachdachte, desto mehr empfand
er das Bedürfnis nach einer Zeit der Stille, in der er abgeschieden von
den laufenden Geschäften sein vorausgegangenes Tun noch einmal vor
Gottes Angesicht überprüfen und sich über seine weiteren Schritte klar
werden könnte. Das aber schien ihm im Vatikan unmöglich. Es würde sich ja auch die Entdeckung jener Textveränderung bald herum-
sprechen, und dann könnte er sich einer Stellungnahme nicht entziehen. Dasselbe würde von Castel Gandolfo gelten, das leicht von Rom
aus zu erreichen war. Er sah sich nicht in der Lage, sofort zu handeln.
Er mußte weiter fort, um Zeit zu gewinnen. Er beschloß, den Vatikan
für ein paar Tage zu verlassen und an einem seiner Umwelt un-
bekannten Ort in der Stille die Klarheit zu suchen, die ihm fehlte.
Warum sollte es ihm verwehrt sein, als schlichter unbekannter Pilger

ohne Aufsehen erregendes Protokoll, das ihn als Oberhaupt der Kirche und als Souverän des Kirchenstaates ständig umgab, die heiligen Stätten zu besuchen und dort Hilfe zu suchen, wo Jesus gewirkt hatte und gekreuzigt, begraben und auferstanden war?

Der Papst beauftragte seinen Sekretär, der vatikanischen Druckerei die Weisung zu geben, den Druck der Enzyklika in beiden Fassungen einzustellen. Dann schrieb er an den Kardinalstaatssekretär, der sich für kurze Zeit in Norditalien befand, unterrichtete ihn über seine Entdeckung und bat ihn, zunächst noch keine amtliche Untersuchung des Vorfalls einzuleiten. Zugleich teilte er ihm mit, daß er sich zu einer geistlichen Übung zurückziehe und in sieben Tagen wieder zur Verfügung stehe. Er bat ihn, die bei seinem Sekretär hinterlassene Deckadresse nur in Anspruch zu nehmen, wenn es ganz unvermeidlich wäre. Danach teilte er seinem Sekretär seine Absicht mit und verpflichtete ihn, das Ziel der Reise gegenüber jedem außer dem Kardinalstaatssekretär geheimzuhalten. Sodann zog er sich um, packte das Notwendigste in einen kleinen Koffer und suchte aus seinen Privatpapieren den italienischen Paß hervor, den ihm seinerzeit ein alter Freund aus der sizilianischen Provinzverwaltung zum Abschied von seiner Heimat mit einem listigen Lächeln zugesteckt hatte: „Für den Fall, daß du Sehnsucht bekommst, uns einmal inkognito zu besuchen." Schließlich ging er in der abendlichen Dunkelheit in schlichter schwarzer Kleidung zum kleinen Wagen seines Sekretärs und ließ sich von ihm, ohne daß es die Wache der Schweizergarde bemerkte, zum Flughafen bringen. Dort bestieg er unter dem Pseudonym eines sizilianischen Priesters die Touristenklasse des Flugzeugs nach Tel Aviv.

KAPITEL

Noch in der Nacht kam der Papst in Tel Aviv an. Er nahm ein Taxi und fuhr hinauf nach Jerusalem. Als sich die Straße aus einem dunklen Tal emporschlängelte, erblickte er über sich in den ersten Sonnenstrahlen die Häuser der Stadt. Noch nie zuvor war er dort gewesen. Durch die Vorstädte und die moderne Neustadt hindurch gelangte er zur mittelalterlichen Mauer, die die Altstadt umgibt. In der Scheu, erkannt zu werden, mied er die Pilgerherbergen. Er ließ sich bei einem kleinen Hotel am Eingang zur Altstadt absetzen und nahm ein Zimmer.

Nachdem er sich kurz ausgeruht und erfrischt hatte, ließ er sich einen Stadtplan geben und machte sich zum Besuch der Grabeskirche auf. So wird sie von der westlichen Christenheit genannt, während die Ostkirche sie als Auferstehungskirche bezeichnet. Sie umschließt sowohl den Kalvarienhügel, auf dem Jesus am Kreuz gestorben, als auch sein Grab, aus dem er auferstanden war.

Die Frühgottesdienste hatten schon stattgefunden. Zuerst besuchte der Papst die Kalvarienkapelle und sah den Fels, auf dem Jesu Kreuz nach der Überlieferung gestanden hatte. Er kniete hier lange Zeit im

Gebet versunken mit vielen anderen Pilgern. Dann ging er zur Grabeskapelle und betete auch hier. Inzwischen hatte die Zahl der Besucher zugenommen: nicht nur Pilger mit Priestern und Mönchen, sondern auch Touristengruppen mit ihren Führern. Er erlebte ein ähnlich buntes Bild von Menschen mit ihrem Durcheinander der Sprachen, wie er es vom Petersdom in Rom her kannte, nur daß der Anteil der Orientalen hier größer war. Er betrachtete den hohen Rundbau, der sich über der Grabeskapelle wölbt, und den anschließenden Längsbau, in dessen Zentrum er einen orthodoxen Altar entdeckte. Er bemerkte auch die zahlreichen Kapellen an den Wänden. Dabei sah er manche ihm fremde Bilder, Kultgeräte und Gewänder. Bei seinem Rundgang hörte er einige Brocken aus dem Mund der Touristenführer, die erklärten, welchen Konfessionen die einzelnen Räume der Grabeskirche gehörten. Aber er konnte sich daraus kein rechtes Bild machen. Einige der Besucher schüttelten über diese Erklärungen den Kopf und lachten. Um einen Überblick über die Grabeskirche zu bekommen, kaufte er beim Verlassen der Kirche einen Grundriß.

Dann ging er durch die Altstadt zurück zum Jaffator und weiter am sogenannten Davidsturm vorbei zum Coenaculum, einem Saal an der Stätte, wo Jesus mit seinen Jüngern das letzte Mahl gefeiert hatte. Auch hier betete er lange inmitten anderer Pilger und wechselnder Besuchergruppen. Als er aus der Kühle des Saales wieder auf die heißen Gassen Jerusalems hinaustrat, empfand er eine große Müdigkeit. Aber nach einer kurzen Ruhepause ging er den steilen Weg hinunter in das Kidrontal und auf der anderen Seite hinauf zum Garten Gethsemane – denselben Weg, den Jesus nach dem letzten Mahl mit seinen Jüngern gegangen war, bevor er nachts verhaftet wurde. Dann stieg er den Ölberg hinan und schaute hinüber nach Jerusalem. Als ein junger Araber zu ihm trat und ihm sein Elternhaus zeigte, in dem ein Zimmer zu vermieten war, entschloß sich der Papst schnell, hier oben am Hang des Ölberges, abseits vom Lärm der Stadt, zu bleiben. Er fuhr zurück ins Hotel, holte seine Sachen, kaufte einige Lebensmittel und verbrachte den Rest des Tages in der Zurückgezogenheit seines Zimmers.

Von den heiligen Stätten war er tief bewegt. Er las die Passionsberichte der Evangelien. Noch nie waren sie ihm so anschaulich geworden wie hier. Sie blieben keine historischen Erinnerungen, sondern nahmen ihn in das Passionsgeschehen hinein. Die Juden und Heiden, die damals Jesus ans Kreuz gebracht hatten, wurden transparent. Er sah die Schuld der Christenheit, besonders aber die eigene Schuld. Im Angesicht des Kreuzes erschienen ihm seine Sorgen klein, er schämte sich seiner Bitterkeit und seines Kleinglaubens. Während der bescheidenen Abendmahlzeit, die er sich selbst bereitete, unterbrach er die Meditation und besah den Grundriß der Grabeskirche. Er verstand die Anordnung der verschiedenen gottesdienstlichen Räume nun besser und erfuhr auch Genaueres über die komplizierten Besitzverhältnisse. Er verstand nun auch das spöttische Lächeln, das er bei den Touristen bemerkt hatte.

Am anderen Morgen brach er noch vor Sonnenaufgang auf, ging an Gethsemane vorbei ins Kidrontal hinab und stieg auf der anderen Seite den Berg hinauf zum Stephansdom. Wieder betrat er die Altstadt und gelangte in das Gebiet der einstigen Antonia-Festung, in der Jesus von Pontius Pilatus verhört und zum Tode verurteilt worden war. Hier begann die Via dolorosa, der Kreuzweg Jesu. Noch war das Leben in den engen Gassen nicht voll erwacht. Noch hallten sie nicht wider vom Geschrei der Eselstreiber und Händler, noch wurde die Andacht nicht durch die Neugier und das Sprachgewirr der Touristen gestört. An jeder der vierzehn Leidensstationen hielt er inne, kniete nieder und betete um Gottes Erbarmen. Er war nicht allein. Er sah sich umgeben von Orthodoxen, Katholiken, Kopten, Anglikanern und anderen Christen, die diese Schmerzensstraße als Pilger ebenfalls hinaufzogen.

Als er zur Grabeskirche gelangte, begannen dort gerade die Morgengottesdienste. Er fragte nach der römisch-katholischen Messe und betrat die Kapelle der Franziskaner. Sie war bereits von Pilgergruppen überfüllt. Nur mühsam fand er noch einen Platz im dunklen Hintergrund. In dieser dichtgedrängten Menge konnte er hoffen, unerkannt zu bleiben – auch als er dann inmitten der vielen zum Altar vortrat, um das Sakrament zu empfangen. In der Tat wurde er nicht beachtet. Er war froh, hier nur einer von vielen zu sein, ein Pilger unter anderen Pilgern.

Nach der Messe suchte er wieder den Kalvarienberg auf. Er ging weiter zu Jesu Grab, das als gemeinsamer Besitz der Christenheit gilt, dessen Rückseite aber nur durch eine koptische Kapelle zugänglich ist. Danach besuchte er den lateinischen Chor der Rotunde und die anderen römisch-katholischen Kapellen, die voneinander getrennt und in den verschiedensten Richtungen zerstreut zwischen den Räumen der anderen Kirchen lagen: den Räumen und Gedenkstätten der griechisch-orthodoxen, der armenischen, der koptischen, der syrischen und der abessinischen Kirche. An manchen Altären fanden noch Gottesdienste statt, und manchmal konnte er die herüberdringenden Klänge der Liturgie einer anderen Kirche vernehmen. Wenngleich dieses Nebeneinander, wie es schien, reibungslos verlief, empfand er es doch als beschämend.

Als er die Grabeskirche verlassen hatte, erwarb er in der Altstadt ein Buch, das ihm genauere Auskunft über die Geschichte dieser Kirche und die Entstehung dieser seltsamen Aufteilungen gab. Er erfuhr von den wechselnden Kämpfen zwischen der römischen und der byzantinischen Kirche um den Besitz dieses Baues, von den Auseinandersetzungen zwischen diesen und anderen Kirchen um den Besitz der einzelnen Räume und um den Vorrang in den Prozessionen, auch von Schlägereien, die noch vor gar nicht langer Zeit an hohen Festtagen zwischen den Christen der verschiedenen Konfessionen um diesen Vorrang stattgefunden hatten – Streitigkeiten, die dann durch mohammedanische Wachen hatten geschlichtet werden müssen. Die jetzige Respektierung der Besitzverhältnisse war demgegenüber ein Fortschritt. Aber zugleich waren diese Abgrenzungen eine für jedermann sichtbare Darstellung des Zustandes der Christenheit.

Ein heiliger Zorn stieg im Herzen des Papstes auf, nicht nur über die Streitigkeiten der Vergangenheit, sondern auch darüber, daß man sich mit dem Ergebnis dieser Kämpfe abgefunden hatte. Wie konnten Juden und Mohammedaner beim Anblick dieser Kirche die Liebe erkennen, die Gott der Welt in der Dahingabe Christi erwiesen hatte? Wie konnten von dieser Stätte Impulse zur Überwindung der Feindschaft zwischen Juden und Arabern ausgehen? Der Skandal der zerteilten Christenheit erschien ihm hier in Jerusalem noch viel erschreckender, als er ihn schon in Rom empfunden hatte. War es nicht schlechthin absurd, daß die Christen gemeinsam die Via dolorosa hinaufpilgerten und dann am Eingang der Grabeskirche auseinandergingen, um an getrennten Altären die Eucharistie zu feiern?

Auf dem Rückweg suchte er noch einmal Gethsemane auf. Den Rest des Tages verbrachte er in seinem Zimmer. Diesmal las er die Evangelienberichte von Jesu Grablegung, von der Auffindung des leeren Grabes und den ersten Erscheinungen des Auferstandenen. Als er in der Betrachtung dieser Texte die Eindrücke des Tages nochmals bedachte, wurde ihm klar, daß er das, was er heute sah, schon einmal gesehen hatte. Der Anblick der Grabeskirche entsprach genau der Vision des zerrissenen Christusleibes. Waren doch „Leib" und „Tempel" im Neuen Testament zwei Bezeichnungen für ein und dieselbe Wirklichkeit. Hatte doch Jesus seinen Leib als Tempel bezeichnet, den er niederreißen und auferbauen könne. Hatte doch Paulus die Kirche sowohl als Leib wie als Tempelbau bezeichnet und Jesus Christus sowohl als Haupt des Leibes wie auch als Grund- und Schlußstein des Tempels bekannt. Wie dem Papst damals die zertrennten Teile des Leibes sichtbar wurden, so hatte er nun die getrennten Kapellen und Altäre der Grabeskirchen vor Augen. Und wie damals die Umrisse der Christusgestalt durch die Trennung der Teile des Leibes nicht aufgelöst waren, so waren auch die getrennten Altäre und Gottesdienste der Grabeskirche durch die Einheit des Baues umschlossen. Wie er geschaut hatte, daß alle Teile des Christusleibes von ein und demselben Blut durchpulst waren, hatte er hier die Christen angetroffen: Trotz der getrennten Altäre feierten sie alle das Sakrament des Leibes und Blutes Jesu Christi.

Zugleich aber wurde ihm gewisser denn je, daß Christus die Christenheit in diesem Zustand nicht wollte. Seine Auferstehung bedeutet Heilung der Wunden, Überwindung der Trennung, Frieden. Auch in den Visionen war es ja nicht bei der Zertrennung geblieben, vielmehr war ihm der Herr beim dritten und letzten Mal in einem geheilten Leib erschienen. Nochmals überlegte er alle seine Gedanken, Pläne und Entscheidungen seit jenen Visionen. Auch die Situation, die sich im Vatikan ergeben hatte, überdachte er. Er forschte nach seinen Versäumnissen und unterwarf alles dem Willen Gottes. Die Last wich nun von ihm, und er hatte das Gefühl, daß ein anderer die Verantwortung dafür übernahm. Er war nun tatsächlich zum Pilger geworden, der, losgelöst von der Vergangenheit, sich Gottes Führung überließ. Es war ihm gewiß, daß er nicht zurück-, sondern nur vorwärtsgehen durfte. Gott würde die nächsten Schritte zeigen. Diese Zuversicht wuchs an diesem Abend mit der Hingabe an Gottes Willen.

Als der Papst am Morgen darauf an den Leidensstationen der Via dolorosa verweilt hatte und dann die Grabeskirche betrat, bemerkte er, daß in ihrem Langschiff, im „Katholikon", die Heilige Liturgie der griechisch-orthodoxen Kirche begonnen hatte. Er trat hinzu. Zwar konnte er nicht alle Worte verstehen, aber er kannte diese Liturgie so gut, daß er ihr folgen konnte. Er ließ sich hineinnehmen in die Gebete des Priesters, des Diakons und des Chores und sprach während der Litanei leise das „Herr, erbarme dich!" mit. Er sah den Einzug des Evangeliums, vernahm den Ruf „Weisheit!" und hörte die biblische Lesung. Er blieb nicht nur ein Zuschauer, sondern wurde zum Teilnehmer an dem heilsgeschichtlichen Drama, das die orthodoxe Liturgie, einsetzend bei der alttestamentlichen Messiasverheißung und weiterführend zur Lehre des irdischen Jesus, zu seinem Tod, seiner Auferstehung, Himmelfahrt und ewigen Herrschaft, in einzigartiger Weise zur Darstellung bringt.

Mit der Gemeinde zusammen bekannte er das Glaubensbekenntnis, das sich nur durch das Fehlen eines einzigen Wortes von dem der römisch-katholischen Kirche unterscheidet. Weiter betete er in der Stille die Präfation und das Sanctus mit und hörte dann den vom Priester mit lauter Stimme gesungenen Bericht von der Einsetzung des Abendmahls durch den Herrn. Er vernahm hier nicht nur die Worte des Priesters, sondern die Worte des gegenwärtigen Christus. Auch als dann die Einladung ausgesprochen wurde: „Nahet euch mit Gottesfurcht, Glauben und Liebe!" hörte er sie als Aufforderung des gegenwärtigen Herrn selbst – als seine Einladung an ihn. Er war nur gekommen, um das Zeugnis dieser Kirche zu hören und mit diesen Christen zusammen zu beten. Aber konnte man die Gemeinschaft des göttlichen Wortes und des Gebetes trennen von der Gemeinschaft am

Altar? Der Chor sang: „Empfanget den Leib Christi, kostet vom Brunnquell der Unsterblichkeit! Halleluja, Halleluja, Halleluja!" Da trat auch er mit den Gläubigen vor, um das Sakrament zu empfangen. Er verbeugte und bekreuzigte sich wie die anderen und ging wieder zu seinem Platz. Nach dem Gottesdienst blieb er tief bewegt im „Katholikon" zurück. Es war ihm, als seien sein Herz und sein Lebensraum weiter geworden. Er empfand eine Freude, die ihn über jene Grenzen trug, die den Menschen von Gott und von den Mitmenschen sonst trennen.

Dieses Mal eilte er auf dem kürzesten Wege in sein Zimmer zurück, um hier in der Stille den Schritt zu überdenken, den er getan hatte. Er schien ihm das Selbstverständlichste zu sein, was ein Christ zu tun hatte. Aber hatte er damit nicht die geltende Ordnung der katholischen und auch der orthodoxen Kirche verletzt? Hatte er vergessen, was er seinem Amt als Papst schuldig war?

Der Gegenstand seiner Betrachtung war an diesem Tag die Erhöhung Christi und seine Herrschaft zur Rechten Gottes. Dabei wurde ihm an den neutestamentlichen Texten sehr eindrücklich klar, wie welthaft ohnmächtig der erhöhte Christus seine Herrschaft ausübt: durch den Heiligen Geist, durch das Wort und die Sakramente. Auch als der Erhöhte hatte er nicht aufgehört, der sich Erniedrigende zu sein. Tief bedrückte den Papst demgegenüber, wie oft die Kirche versucht hatte, durch den Einsatz weltlicher Gewalt die Herrschaft Gottes durchzusetzen, und wie zäh sie die so entstandenen Abgrenzungen festgehalten hatte. Konnten diese Ordnungen das Letzte sein? Ist Christus nicht der Herr über sie, und muß ihm nicht mehr gehorcht werden als ihnen? Schenkt er nicht beiden Kirchen seinen Leib und sein Blut? Hätte er Christi Einladung ausschlagen dürfen? Je länger er über seinen Schritt nachdachte, desto zuversichtlicher wurde er. Seine Entscheidung wurde ihm so gewiß, daß er alle Folgen, die sich daraus ergeben würden, getrost Gott überließ und ihm dafür dankte, daß er die Einheit des Leibes Christi erkennen und empfangen durfte.

Auch am folgenden Morgen ging er in aller Frühe die Via dolorosa hinan, von einer Station zur anderen. Als er gerade in den Vorhof der Grabeskirche einbiegen wollte, hörte er aus einer anderen nahe gelegenen Kirche die kräftigen Stimmen eines Chorals, ähnlich den Chorälen, die er von Rom her kannte, wenn auf dem Platz vor der Peterskirche an großen Festen die wartenden Pilgerscharen die geistlichen Lieder ihrer Heimat anstimmten. Er betrat die Kirche, deren Innenraum an eine Kreuzfahrerkirche erinnerte. Sie war überfüllt. Er meinte, in einem deutschsprachigen katholischen Gottesdienst zu sein. Er stimmte ein in das „Kyrie eleison!" und in das „Gloria in excelsis!", er vernahm die Schriftlesungen und bekannte mit der Gemeinde das vertraute Glaubensbekenntnis. Erst als der Küster ihm ein Gesangbuch überreichte und er das Gewand des Pfarrers erblickte, wurde ihm deutlich, daß er sich in einem lutherischen Gottesdienst befand. Noch nie hatte er einem solchen beigewohnt. Er hörte eine Predigt über Jesu Wort: „Selig, wer am Mahle im Reiche Gottes teilnehmen darf!" und über das Gleichnis von dem Mahl, dem die zuerst Eingeladenen aus den verschiedensten Gründen fernblieben und zu dem dann die Armen, Krüppel, Blinden und Landstreicher gerufen wurden. In eindringlicher Weise wurde dazu gemahnt, alles gering zu achten gegenüber dieser Berufung, und dazu eingeladen, an dem zukünftigen Mahl im Reiche Gottes jetzt schon im Abendmahl der Kirche teilzunehmen. Das Gewicht der Predigt ruhte weniger auf einer Forderung als auf der Verheißung und dem Zuspruch der Gabe: „Christi Leib, für dich dahingegeben", „Christi Blut, für dich vergossen". Danach betete die Gemeinde dieselben Fürbitten für die Einheit der Kirche, dieselbe Präfation und dasselbe Sanctus, die ihm von der Messe seiner Kirche her vertraut waren. Auch hier betete er mit den Versammelten. Dann hörte er die Einsetzungsworte Jesu über Brot und Kelch. Er vernahm sie auch hier als Worte des gegenwärtigen Herrn: „Nehmet hin und esset, das ist mein Leib!" „Nehmet hin und trinket, das ist mein Blut des neuen Testamentes!" Und als die Einladung erging: „Kommt, denn es ist alles bereit! Schmecket und sehet, wie freundlich der Herr ist!", da fühlte auch er sich angesprochen. Während die Gemeinde in Gruppen nacheinander zum Altar vortrat, erhoben sich im Geist des Papstes noch einmal all die negativen Aussagen über das Abendmahl und das Amt der Reformationskirchen, die er als junger Theologe gehört hatte. Aber auch die positiven

Beobachtungen wurden lebendig, die er während der letzten Jahre in den Schriften der Reformatoren und den evangelischen Gottesdienstordnungen gemacht hatte. So wie der Mensch in Augenblicken der Gefahr in wenigen Sekunden sein ganzes Leben vor sich abrollen sieht und ihm dabei auch längst vergessene Ereignisse wieder bewußt werden, so wurden ihm in diesem Augenblick alle die Erwägungen gegenwärtig, die er über die Reformationskirchen angestellt hatte. Durfte er auch hier nach vorne treten? War es ein Herrenmahl, das hier gefeiert wurde? War hier ein Priester? Immer stärker drängte sich die Frage in den Vordergrund: Wer lädt überhaupt ein? Wer vergibt und baut auf? Ist nicht der Herr der Einladende und sich Schenkende, und ist die Kirche nicht in jedem Fall nur die Wirkung seines Sich-Schenkens?

Als die letzten, im Hintergrund der Kirche Stehenden zum Altar vortraten, schloß er sich ihnen an. Er war gewiß, daß ihm dieselben Gaben gereicht wurden, die er in der Heiligen Messe der katholischen Kirche zu empfangen pflegte und die er gestern in der Heiligen Liturgie der orthodoxen Kirche empfangen hatte. Er ging wieder in den Hintergrund der Kirche zurück und wurde von einer Freude überwältigt, die ihm größer erschien, als daß sein Herz sie fassen könnte. Es kam ihm vor, als sei er nun erst ganz in die gewaltige Bewegung des in das All wachsenden Christusleibes hineingenommen.

Er ging still hinaus, hinüber in die Grabeskirche, um dort in der Kalvarienkapelle und am Grabe des Erlösers Gott zu danken.

Als er in sein Zimmer zurückgekehrt war, wurde ihm voll deutlich, was er getan hatte. Hatte er mit diesem Schritt nicht ein kirchliches Amt anerkannt, das nach dem Verständnis seiner Kirche gar kein kirchliches Amt war? Aber hatte der Pfarrer in diesem Gottesdienst nicht das getan, was Jesus und die Apostel angeordnet hatten? Stand er damit nicht in der apostolischen Sukzession? Es wäre ihm wie eine Verleumdung Christi vorgekommen, wenn er bestritten hätte, daß auch hier der gekreuzigte und auferstandene Herr gegenwärtig war und seinen Leib und sein Blut darreichte. Die ihm bekannte Aussage: „Das evangelische Abendmahl ist nicht nichts", schien ihm weit hinter der Wirklichkeit zurückzubleiben.

Er überdachte das Geschehene im Lichte der Wiederkunft Christi: Christus wird kommen nicht nur als Erlöser, sondern auch als der Richter, und zwar nicht nur als Richter der Welt, sondern auch als Richter der Christenheit. Dann wird er eine Scheidung vollziehen, die tiefer greift als alle Scheidungen, die Menschen auf Erden vornehmen. Der Scheidung im Jüngsten Gericht gegenüber sind alle Kirchentrennungen nur vorläufig. Die Scheidung, die Christus vollziehen wird am Ende der Welt, wird quer durch jede einzelne Kirche hindurchgehen und endgültig sein. Erlöst werden dann nicht die Reichen und Sicheren, sondern die im Geist Armen, die nach Gerechtigkeit Hungernden, die auf den Herrn Wartenden. Mit diesen wird Christus das große Abendmahl im Reiche Gottes feiern.

KAPITEL

Am letzten Tag seines Jerusalemer Aufenthaltes besuchte der Papst Bethlehem, den Geburtsort Jesu. Auch hier erlebte er im Nebeneinander zweier Geburtskirchen und getrennter Altäre die Vision des gespaltenen Christusleibes. Bis hinab in die Geburtsgrotte unter der Erde setzte sich die Zerteilung fort.

Danach pilgerte der Papst noch zu den wichtigsten Marienstätten in Jerusalem, um Gott für dieses auserwählte Werkzeug der Menschwerdung seines Sohnes Jesus Christus zu danken.

Wie jeden Tag nahm er sich auch an diesem die Zeit für ein Meditieren in aller Stille und vertiefte sich in den Christushymnus des Philipperbriefes. Er bedachte die Selbstentäußerung dessen, der Gott gleich war, aber dieses Gott-gleich-Sein nicht als einen Raub festgehalten hatte, sondern Mensch geworden und gehorsam war bis zum Tode am Kreuz. Diese Bewegung Gottes aus der Höhe herab in die menschliche Tiefe will sich fortsetzen in der Gemeinschaft der Christen und in ihrem Dienst an der Welt. In diese Bewegung würde er die Schritte einzuordnen haben, die in Rom jetzt vor ihm lagen und auf die er immer mehr sein Augenmerk richtete.

Tags darauf packte der Papst seine Sachen und nahm Abschied von seinen arabischen Wirtsleuten. Er kommunizierte vor Sonnenaufgang in der römisch-katholischen Paternosterkirche. Dann bestieg er ein Taxi, das ihn durch das Jordantal hinauf zum See Genezareth brachte. In Tiberias nahm er ein einfaches Quartier und ruhte sich kurz aus.

Am frühen Nachmittag besuchte er die Stätte, an der Jesus nach der Überlieferung die Fünftausend gespeist hatte. Längere Zeit blieb er in der am See gelegenen kleinen Petruskirche und dachte an das Geheimnis der Erwählung, durch die gerade dieser wankelmütige Fischer zum Fels geworden war, auf dem der Herr seine Kirche erbaute. Er ging dann zum Hügel, von dem aus Jesus die Bergpredigt gehalten hatte. Lange stand er auf der Terrasse des Kirchleins, das an dieser Stelle errichtet ist. Er schaute auf die Felder und den See und wiederholte leise die Seligpreisungen. Sein Auge konnte sich nicht trennen von dem Glanz des Sees und der Lieblichkeit dieser Landschaft, die sich seit Jesu Zeit kaum verändert hatte.

Noch während er hier stand, trat zu ihm eine Nonne, die das Kirchlein betreute, kniete vor ihm nieder, flüsterte: „Heiliger Vater!" und bat um seinen Segen. Er erschrak, faßte sich aber sofort und spendete ihr seinen Segen. Doch bat er sie, über seine Gegenwart zu schweigen. Sie versprach dies, fügte aber hinzu, daß schon am Tage zuvor das Gerücht von seiner Anwesenheit im Heiligen Land zu ihrem Konvent gedrungen sei und daß alle ihre Schwestern darum gebetet hätten, er möge auch zu ihnen kommen. Sie bat ihn um die Erlaubnis, ihn zur Mutter Oberin führen zu dürfen. Nach einem Augenblick des Zögerns willigte er ein. Auf das herzlichste wurde er von dieser willkommen geheißen und eingeladen, als Gast bei ihrer Schwesternschaft einzukehren und am anderen Morgen in der Kirche der Seligpreisungen die Heilige Messe zu feiern. Es sei doch schon Abend und die Dunkelheit breche schnell herein. Er würde sich in ihrem Gästehaus nach den anstrengenden Tagen gewiß gut erholen, und sie könnten sein Gepäck aus Tiberias holen lassen. So klein auch ihr Schwesternkonvent sei, so sehr groß sei ihrer aller Freude. Nach kurzem Überlegen nahm der

Papst die Einladung an, bat jedoch darum, daß die Schwestern über seine Anwesenheit bis zu seiner Rückkehr nach Rom gegenüber jedermann schweigen möchten. Er wolle seinen Besuch der heiligen Stätten als unbekannter Pilger beenden.

Nach dem Abendbrot verbrachte er eine Stunde im Kreise der Schwestern. Er ließ sich aus ihrem gemeinsamen Leben und aus ihrem Dienst an dieser Stätte berichten. Auch er erzählte von seinen Eindrücken in Jerusalem und dem tiefen Schmerz, den er gerade dort über den gespaltenen Zustand der Christenheit empfunden habe. Die Schwestern bestätigten seine Eindrücke sehr lebhaft. Viele Pilger aus den verschiedensten Kirchen hätten dies ebenfalls empfunden, und es sei gar nicht selten, daß Nichtkatholiken an der Kommunion in der Kirche der Seligpreisungen teilnähmen. Sie könnten dies nicht verhindern. Sie hörten auch von katholischen Pilgern, die aus gleichen Gründen an der Eucharistie der orthodoxen und der anglikanischen Kirche teilgenommen hätten. Sie wüßten, daß dies nicht in Ordnung sei. Aber sie dächten, daß Gott das nicht als Sünde anrechne, was aus Liebe zu Christus getan würde. Der Papst antwortete: „Ich kann diese Christen verstehen. Denn Gott will, daß alle Glaubenden eins werden. Er möge es schenken, daß das, was jetzt im geheimen geschieht, einst in aller Öffentlichkeit geschehen kann – mit ausdrücklicher Zustimmung der beteiligten Kirchen." Nach dem Gespräch gingen sie gemeinsam zum Abendgebet in die Kapelle.

Am anderen Morgen feierte der Papst die Heilige Messe und reichte das Sakrament den Schwestern und den Pilgern, die ebenfalls im Gästehaus übernachtet hatten. Dann brach er zur Rückkehr über Nazareth und den Berg der Verklärung nach Tel Aviv auf.

Bevor er dort das Abendflugzeug nach Rom bestieg, schrieb er einen Brief an den Apostolischen Delegaten in Jerusalem, in dem er ihn um Verständnis dafür bat, daß er als einfacher Pilger die heiligen Stätten hatte besuchen wollen. Er habe jedoch ein großes Verlangen, seine Eindrücke mit ihm auszutauschen, und hoffe, ihn bald bei sich in Rom begrüßen zu dürfen. Er bat ihn auch, die mit dem Heiligen Stuhl verbundenen Patriarchen über den Sinn seiner nun abgeschlossenen Reise zu informieren.

Als der Papst zurückflog, erfüllten ihn Friede und Freude. Er wußte, daß ihn in Rom Schwierigkeiten erwarteten. Aber er sah ihnen
ohne Sorge entgegen. Er war gewiß, daß Gott etwas Neues begonnen
hatte, das nicht mehr ungeschehen gemacht werden konnte, und er
wußte nun auch, was er zu tun hatte. In Rom holte ihn, wie verab-
redet, sein Sekretär am Flughafen ab.

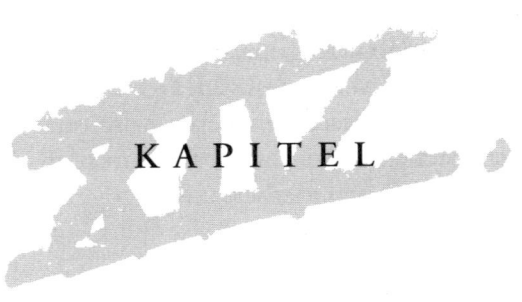

KAPITEL

Während der Papst an den heiligen Stätten von Tag zu Tag von einem tieferen Frieden erfüllt worden war, hatte sich im Vatikan eine zunehmende Unruhe ausgebreitet, die sich schließlich zu einem in diesen Räumen ganz ungewohnten, aufgeregten Durcheinander steigerte.

Nachdem der Kardinalstaatssekretär auftragsgemäß den anderen Kardinälen mitgeteilt hatte, daß der Heilige Vater an seiner Absicht festhalte, mit einer Enzyklika eine neue ökumenische Initiative zu ergreifen, hatte man in der Kurie mit Spannung und Sorge den Text erwartet. Zwar hatte der Papst in den vorausgegangenen Gesprächen zugesagt, daß er die ihm vorgetragenen Bedenken sorgfältig prüfen wolle. Auch hatte man oft genug seine große Bereitschaft erfahren, auf die Gesichtspunkte seiner Mitarbeiter zu hören und sie bei seinen Entscheidungen zu berücksichtigen. Aber auf Grund der Antworten, die er diesmal gegeben hatte, war bei den meisten der Eindruck entstanden, daß er seine ökumenischen Absichten im wesentlichen nicht ändern, sondern allenfalls gegen Mißverständnisse absichern würde. Besondere Bedenken bereiteten nach wie vor seine positiven Urteile über die anderen Kirchen und die darin enthaltene Relativierung der römisch-katholischen Kirche und des päpstlichen Amtes. So waren mehrere Kardinäle an den Kardinalstaatssekretär mit der Frage herangetreten, ob er bereit sei, dem Heiligen Vater nochmals ihre Bedenken vorzutragen. Aber er wies darauf hin, daß eine Enzyklika einzig und allein Sache des Papstes selbst sei und daß es ganz in seiner Freiheit stünde, ob er andere hierbei zu Rate zöge oder nicht. Er habe ihnen allen bereits in großzügiger Weise die Möglichkeit der Meinungsäußerung gegeben, und sie hätten davon ja auch Gebrauch gemacht. Darüber hinaus eine Einwirkung auf den Entschluß des Papstes anzustreben, würde bedeuten, daß man die Freiheit seiner Entscheidung nicht respektieren wolle. Als der Präfekt der Glaubenskongregation zurückfragte: „Welche Möglichkeiten sehen dann Eure Eminenz noch, ein Unglück zu verhindern?" – gab der Kardinalstaatssekretär zur Antwort: „Es ist unsere Pflicht, darum zu beten, daß kein Unglück geschieht, und zu glauben, daß Gott den Heiligen Vater als sein Werkzeug benutzt, auch wenn dieser Wege einschlägt, die uns zunächst bedenklich scheinen." Im übrigen könne er die ökumenischen Grundgedanken des Papstes nicht für so abwegig halten wie manche Mitglieder der Kurie, auch wenn er ihre Bedenken hinsichtlich der Opportunität teile.

Als bekannt wurde, daß versucht worden war, den Text der Enzyklika hinter dem Rücken des Papstes zu ändern, ergab sich eine ganz neue Situation. Die Bedenken gegenüber der Enzyklika traten zurück hinter der Entrüstung darüber, daß ein solch betrügerischer Versuch und damit eine solche Antastung der päpstlichen Autorität inmitten der Kurie möglich war. Die Kardinäle verabscheuten diesen Versuch um so mehr, als sie allgemein von der Lauterkeit und der guten Absicht des Papstes überzeugt waren. So forderten sie eine strenge Bestrafung des Täters. Zugleich erschraken sie über die unerwartete Abwesenheit des Papstes. Auch als der Kardinalstaatssekretär mitteilte, daß der Heilige Vater sich nur für wenige Tage zu einer geistlichen Übung zurückgezogen hatte, blieb doch der Gedanke bedrückend, daß der Anlaß darüber offensichtlich die Entdeckung der Textänderung gewesen war und daß im übrigen ja auch sie selbst gegen seine ökumenische Initiative Stellung bezogen hatten.

Freilich erfuhr die Schärfe der Verurteilung jenes Versuchs eine gewisse Milderung, als sich einige Prälaten einen Einblick in den ursprünglichen und den abgeänderten Text der Enzyklika verschaffen konnten. Sie fanden, daß in dem abgeänderten Text die Bedenken, die sie gegenüber dem Vortrag des Papstes empfunden hatten, in einer besonnenen Weise berücksichtigt worden waren. Wenn überhaupt eine neue ökumenische Initiative, dann in dieser behutsamen Art! Dagegen empfanden sie den Originaltext im großen und ganzen als ebenso dogmatisch mißverständlich und kirchenpolitisch gefährlich wie die vorausgegangene Rede des Papstes. Auch wenn sie die Tat der Textveränderung mißbilligten, bejahten sie doch ihren Inhalt und sahen in dieser Tat einen verzweifelten Versuch, das Selbstverständnis der katholischen Kirche und die Autorität des päpstlichen Amtes vor einer Infragestellung durch den jetzigen Papst zu schützen. Offensichtlich hatte der Täter darauf gehofft, daß sich der Heilige Vater nach der Veröffentlichung des abgeänderten Textes davon nicht mehr distanzieren könnte, ohne einen öffentlichen Skandal heraufzubeschwören. So entstand bei einigen trotz der Verurteilung jener Tat eine gewisse Sympathie für den Täter und ein geheimes Bedauern darüber, daß der Versuch gescheitert war.

Aber die Vorgänge überstürzten sich. Noch bevor die beiden Texte der Enzyklika allen Kardinälen zur Kenntnis gelangt waren, teilte der Apostolische Delegat aus Jerusalem telefonisch mit, dort gehe das Gerücht um, der Heilige Vater halte sich inkognito in Jerusalem auf. Dies wurde ihm vom Kardinalstaatssekretär streng vertraulich bestätigt. Kurz darauf berichtete der Delegat, daß auch das Gerücht entstanden sei, der Papst habe an der Heiligen Liturgie der griechisch-orthodoxen Kirche teilgenommen und sowohl hier wie auch in anderen nicht-katholischen Kirchen kommuniziert. Eine israelische Zeitung habe bereits in einer kurzen Notiz über diese Gerüchte berichtet. Der Kardinalstaatssekretär suchte nun Verbindung mit dem Papst aufzunehmen, konnte ihn aber unter der angegebenen Deckadresse nicht mehr in Jerusalem erreichen. Er riet dem Delegaten, auf Rückfragen zunächst nur zu antworten, daß weder ihm noch dem Vatikan derartige Vorgänge bekannt seien. Aber kurz darauf erschien ein Bericht über diese Gerüchte in großer Aufmachung in einer verbreiteten italienischen Tageszeitung, und man mußte damit rechnen, daß dieser seinen Weg durch die Weltpresse antreten würde. Diese Pressemeldung schlug im Vatikan wie eine Bombe ein. War hier die Ablehnung der päpstlichen Initiative durch die Entdeckung jenes Betrugsversuchs zunächst in den Hintergrund gerückt, so trat sie nun in verschärfter Weise wieder hervor. Dabei wurde die diplomatische Zurückhaltung der kurialen Sprache, in der man gewohnt war, einander eher zuwenig als zuviel zu sagen, nicht mehr gewahrt. So groß war das Entsetzen über die Möglichkeit einer Interkommunion des Papstes.

Für die einen war diese Vorstellung so ungeheuerlich, daß sie dem Gerücht keinen Glauben schenkten. Was alles war schon über Päpste geredet und durch die Presse verbreitet worden! Die Kommunion eines Papstes in einer anderen Kirche, ohne daß diese die Dogmen der römischen Kirche anerkannt und sich der päpstlichen Leitung unterstellt hätte, galt ihnen als ganz unmöglich. Das wäre Häresie! So etwas tut kein Papst. Ein Papst wird nicht zum Häretiker. Er steht unter dem besonderen Schutz Gottes.

Andere freilich waren keineswegs so sicher, daß die Pressemeldungen nicht stimmten. Sie empfanden eine derartige Interkommunion nicht weniger als ungeheuerlich, aber sie hielten es nicht für ausgeschlossen, daß der jetzige Papst in der Konsequenz seiner Äußerungen über die Einheit der getrennten Kirchen einen solchen Schritt tatsächlich getan haben könnte. Auch sie sahen in solcher Interkommunion die Verleumdung der katholischen Wahrheit. Weil sie dem Papst eine derartige Handlungsweise zutrauten, erfuhr die Situation für sie eine ungeheure Zuspitzung. Denn ein Papst, der die katholische Wahrheit verleugnet, ist nach katholischer Lehre nicht mehr Papst. Ein geisteskranker oder häretischer Papst hört automatisch auf, Inhaber des päpstlichen Amtes zu sein. Liegt dieser Tatbestand vor, muß er festgestellt, und es muß zur Wahl eines neuen Papstes geschritten werden. Mit Schrecken wurden sich diese Kardinäle der Verantwortung bewußt, die sie zu tragen hätten, falls die Gerüchte sich bestätigten und eine Häresie des Papstes festgestellt werden müßte.

Zur allgemeinen Überraschung wurde jedoch auch eine ganz andere Stimme laut, die Stimme eines Kardinals französischer Herkunft, der als Leiter der päpstlichen Aktion für soziale Gerechtigkeit von einem längeren Aufenthalt in Afrika und Asien gerade zurückgekehrt war. Er erklärte in aller Offenheit, daß er eine solche Teilnahme des Heiligen Vaters an der Eucharistie anderer Kirchen begrüße und darin einen großen und notwendigen Fortschritt sehe. Mit diesem Urteil stehe er auch keineswegs allein. Unzählige Christen verschiedener Kirchen, auch zahlreiche katholische Priester und Laien, praktizierten eine solche Abendmahlsgemeinschaft bereits seit Jahren und wären dem Heiligen Vater für einen solchen Schritt tief dankbar. Es bedrücke sie, daß sie mit ihrem Handeln bisher im Widerspruch zur Ordnung der katholischen Kirche gestanden hätten, und sie sehnten sich danach, daß das, wozu sie sich im Gehorsam gegen Christus verpflichtet fühlten, vom Oberhaupt der Kirche bestätigt würde. Wenn nun der Papst sich selbst zu einem solchen Schritt entschlossen habe, könne der lang ersehnte ökumenische Durchbruch in der katholischen Kirche in geordneten Bahnen erfolgen.

Im übrigen sei in der theologischen Arbeit der letzten Jahrzehnte eine so weitgehende Annäherung im Verständnis der Eucharistie und der apostolischen Sukzession der Ämter erfolgt, daß für die Leitungen der getrennten Kirchen der Zeitpunkt gekommen sei, hieraus die Konsequenzen zu ziehen. Es sei schwer verständlich, warum nicht ähnlich wie die Taufe so auch das Herrenmahl gegenseitig anerkannt werden könne, wenn es gemäß der Einsetzung des Herrn gefeiert würde. – So einsam diese Stimme zunächst erklang, so blieb sie doch trotz des heftigen Widerspruchs, den sie erfuhr, nicht allein. Sie fand begeisterten Widerhall bei einigen jüngeren Mitarbeitern der Kurie, die freilich noch keine leitenden Ämter innehatten.

Alle diese Stimmen stürmten auf den Kardinalstaatssekretär mit ihren Vorschlägen ein. Die einen forderten von ihm eine sofortige Dementierung jener Pressemeldungen. Er lehnte dies ab, da er die bevorstehende Rückkehr des Papstes und seine Stellungnahme dazu abwarten wollte. Die anderen forderten eine vorsorgliche Beratung der Schritte, die die Kardinäle in dem Fall zu unternehmen hätten, daß sich die Gerüchte bestätigten. Auch dies lehnte der Kardinalstaatssekretär mit der gleichen Begründung ab. Er wies lediglich darauf hin, daß im Codex juris canonici keine Instanz genannt sei, die das Recht habe, die Häresie eines Papstes festzustellen und seine Regierung für beendet zu erklären. Keinesfalls sei dies Sache der Kurienkardinäle allein. Im übrigen sei er nicht so sicher, wie anscheinend die meisten seiner Kollegen, daß eine Teilnahme des Heiligen Vaters an der Kommunion einer nicht-katholischen Kirche, falls sie geschehen wäre, wirklich als Häresie beurteilt werden müsse. Solange man die dogmatische Lehre des Ersten Vatikanischen Konzils von der päpstlichen Machtfülle und Unfehlbarkeit ernst nähme, läge es sehr viel näher, an der eigenen Einsicht als an der Entscheidung des Papstes zu zweifeln. Denn letztlich habe er allein die Vollmacht, die apostolische Tradition im Wechsel der geschichtlichen Situationen maßgeblich zu interpretieren.

KAPITEL

Am Tage nach seiner Rückkehr bat der Papst als ersten den Kardinalstaatssekretär zu sich in sein Arbeitszimmer. Er begrüßte ihn herzlich
und bat ihn um Verständnis dafür, daß er in den letzten Tagen nicht
zur Verfügung gestanden habe. „Nach den Auseinandersetzungen der
letzten Monate, der Ausarbeitung der Enzyklika und schließlich nach
dem Ihnen inzwischen bekannt gewordenen Vorgang bei ihrer Druck-
legung empfand ich das dringende Bedürfnis, die Einsamkeit aufzusuchen und in der Stille vor Gott meine Gedanken und Schritte zu
überprüfen."

Der Kardinal versicherte, daß auch er von dem Versuch, den Text
der Enzyklika hinter dem Rücken Seiner Heiligkeit zu ändern, zutiefst
betroffen sei. „Diese Tat verurteile ich auf das schärfste, und ich halte
eine strenge Bestrafung des Täters für erforderlich. Dieser Versuch ist
auch hinter meinem Rücken geschehen. Trotzdem fühle ich mich
nicht unschuldig, da ich für die ordnungsgemäße Ausfertigung und
Veröffentlichung päpstlicher Hirtenbriefe die Verantwortung trage
und die an der Fälschung Beteiligten offensichtlich der von mir geleiteten Behörde angehören. Eure Heiligkeit können mir mit Recht

zum Vorwurf machen, daß dieser Versuch innerhalb meines Verantwortungsbereichs stattgefunden hat. Ich sehe es daher als meine Pflicht an, mein Amt zur Verfügung zu stellen."

Der Papst war überrascht: „Nicht einen Augenblick ist mir der Gedanke gekommen, Eure Eminenz in irgendeiner Weise für diesen Vorgang verantwortlich zu machen. Sie können doch ganz unmöglich jeden der dreitausend Mitarbeiter der Kurie überwachen. Ich versichere Ihnen, daß ich davon völlig überzeugt bin, daß Sie nicht nur gar nichts mit diesem Versuch zu tun hatten, sondern auch nichts versäumt haben, ihn zu verhindern."

Der Kardinal dankte dem Papst für dieses Vertrauen. Es bedeute für ihn mehr, als er mit Worten aussprechen könne. Danach fuhr er fort: „Wenn ich mein Amt in die Hand Eurer Heiligkeit zurückgab, so hatte dies freilich noch einen anderen Grund. Durch die Enzyklika und durch ihre Auswirkungen sind zunehmend Probleme aufgetreten, denen ich mich auf Grund meiner Ausbildung und bisherigen Tätigkeit nicht gewachsen fühle. Ich will mich damit nicht von der erneuten ökumenischen Initiative distanzieren, aber ich könnte mir denken, daß vielleicht eine andere Persönlichkeit für diese Aufgabe geeigneter wäre als ich."

Der Papst blickte ihn warmherzig an: „Aber nein, verehrter, lieber Freund! Zwar verstehe ich Ihre Bedenken, aber ich bitte Sie herzlich und dringend, in Ihrem Amt zu bleiben. Ich kann für die neuen Aufgaben Ihre Erfahrungen, Ihre Hilfe und Ihre Kritik nicht entbehren. Bei unserem letzten Gespräch hatten Sie dieselben Bedenken schon einmal ausgesprochen und vorgeschlagen, das Sekretariat für die Einigung der Christen wieder zu verselbständigen und ihm einen eigenen Präsidenten zu geben. Ich habe mir Ihren Vorschlag überlegt und stimme ihm zu. Wir sollten ihn möglichst bald verwirklichen. Dabei denke ich freilich nicht nur an Ihre Entlastung, sondern an eine enge Zusammenarbeit des neuen Präsidenten dieses Sekretariats mit Ihnen."

Der Kardinal berichtete nun, daß die Situation seit dem letzten Gespräch noch sehr viel schwieriger geworden sei, da das Gerücht sich ausgebreitet habe, der Heilige Vater habe in Jerusalem an der Kommunion nicht-katholischer Kirchen teilgenommen. „Darüber ist in der Kurie eine große Aufregung entstanden. Ich weiß nicht, ob ich die gegensätzlichen Kräfte noch zusammenhalten kann. Inzwischen ist dieses Gerücht heute morgen von den großen Tageszeitungen der internationalen Presse weiterverbreitet worden, und es sind im Staatssekretariat bereits zahlreiche telegrafische und telefonische Rückfragen von auswärtigen Bischöfen eingetroffen. Das Einfachste wäre natürlich, wenn ich die fragwürdigen Verhältnisse in der Grabeskirche in Jerusalem kennen würde und mir vorstellen könnte, daß es verantwortbare Gründe für eine Interkommunion gerade an dieser heiligsten Stätte der Christenheit gibt. Aber ich kenne die Abendmahlslehre und die Liturgie der anderen Kirchen zu wenig, um einen solchen Schritt, falls Eure Heiligkeit ihn wirklich getan haben sollten, so zu verteidigen und dogmatisch zu rechtfertigen, wie es nötig wäre. Ich fürchte, diese Lücke nicht mehr hinreichend ausfüllen zu können."

„In der Tat habe ich an der Eucharistie der griechisch-orthodoxen und der evangelisch-lutherischen Kirche teilgenommen", bekannte der Papst. „Ich habe in Jerusalem ganz zurückgezogen gelebt und gehofft, dort unerkannt zu bleiben. Eine Sensation auszulösen, lag mir völlig fern. Es ging mir allein um die Gemeinschaft mit Christus als dem Haupte seines Leibes. Diese Gemeinschaft aber kann nicht getrennt werden von der Gemeinschaft mit den Gliedern. Nachdem nun mein Schritt entgegen meiner Absicht bekannt geworden ist, kann ich mich vor der Öffentlichkeit nur dazu bekennen. Es ist unmöglich, das Gerücht zu dementieren. Ich bitte Sie, durch eine vatikanische Pressemeldung zu bestätigen, daß ich inkognito als Pilger in Jerusalem war, dort zusammen mit Pilgern anderer Kirchen an den heiligen Stätten gebetet und an Eucharistiefeiern der römisch-katholischen, der griechisch-orthodoxen und der evangelisch-lutherischen Kirche teilgenommen und daß ich außerdem die heiligen Stätten in Bethlehem und Galiläa besucht habe."

Nach einer Pause fuhr der Papst fort: „Es tut mir leid, daß meine Schritte in Jerusalem so schnell bekannt geworden und Ihnen daraus Schwierigkeiten erwachsen sind. Mit Recht haben Sie die Zustände in der Grabeskirche als fragwürdig bezeichnet. Sie werden deshalb vielleicht verstehen, daß ich die dort bestehende Ordnung im tiefsten Sinn als Unordnung empfand. Man wird meinen Schritt nicht verstehen, wenn man sich nur mit der Tatsache beschäftigt, daß ich die geltenden Vorschriften der katholischen Kirche nicht eingehalten habe. Es geht hier um mehr. Als ich in den Gottesdiensten der beiden anderen Kirchen die Stimme desselben Christus vernahm, der auch in unserer Kirche zu seinem Mahl einlädt, war mir nicht zweifelhaft, daß ich ihm mehr gehorchen mußte als den bestehenden Ordnungen. Denn er ist der Herr der Kirche. Es gibt Situationen, in denen die wahre Ordnung nur in der Durchbrechung der bestehenden Ordnung anerkannt wird.

Wenn ich mir überlege, wie dieser mein Schritt der Öffentlichkeit verständlich gemacht werden könnte, so möchte ich sagen: er sollte als ein Zeichen verstanden werden. Die bestehenden Unterschiede der Kirchen sind damit nicht aufgehoben. Aber auf ihre nur vorläufige Bedeutung ist damit hingewiesen. Mein Schritt will nicht als Aufruf zu einer tumultähnlichen Beseitigung aller Ordnungen und Unterschiede verstanden werden, wohl aber als Hinweis darauf, daß es im Verhältnis der Kirchen zueinander nicht so bleiben darf, wie es zur Zeit ist. Im übrigen habe ich nachträglich erfahren, daß auch andere Pilger die Zustände an den heiligen Stätten als geordnete Unordnung und als Schande empfinden und daß die Abendmahlsgemeinschaft von katholischen und nicht-katholischen Christen dort mehr gesucht und praktiziert wird, als wir hier in Rom ahnen. Zweifellos werden sich in Zukunft die Theologen und die Kirchenleitungen mit stärkerem Einsatz um die Überwindung der bestehenden Trennungen bemühen müssen als bisher."

„Was soll nun als nächstes geschehen?" fragte der Kardinal. „Die Erregung in der Kurie wird nach der Bestätigung jenes Gerüchtes wahrscheinlich noch zunehmen, und auch außerhalb der Kurie muß mit vielen Widerständen in der katholischen Kirche sowie mit allen möglichen Stellungnahmen der anderen Kirchen gerechnet werden. Was gedenken Eure Heiligkeit dagegen zu tun?"

Der Papst gab bereitwillig Auskunft: „Als erstes werde ich sogleich an den griechisch-orthodoxen Patriarchen und an den evangelisch-lutherischen Bischof in Jerusalem schreiben und ihnen meine Teilnahme an den dortigen Gottesdiensten mitteilen und begründen. Aber auch die weiteren Schritte, über die ich in den vergangenen Tagen in Selbstprüfung und Gebet nachgedacht habe, will ich gerne mit Ihnen besprechen. Darf ich zunächst eine Rückfrage stellen?"

Der Kardinal berichtete, daß nach den bisherigen Informationen der Täter, wie auch die hinter ihm stehende Gruppe, einigermaßen deutlich sei. Offensichtlich handle es sich um einen Betrugsversuch, nicht nur um einen für Seine Heiligkeit bestimmten Textvorschlag. Ein offizielles Untersuchungsverfahren würde den Sachverhalt wahrscheinlich sehr bald aufklären und den Täter und die geistigen Urheber aufdecken. Von der Eröffnung des Verfahrens sei bisher nur deshalb abgesehen worden, weil Seine Heiligkeit sich die Entscheidung darüber selbst vorbehalten habe.

Er habe sich diese Frage inzwischen überlegt, erwiderte der Papst, und er möchte nicht, daß weitere Nachforschungen angestellt und Anklagen erhoben würden. „Ich will nicht wissen, wer der Täter und seine Hintermänner waren. Ich möchte ihnen zubilligen, daß sie letztlich aus einer gutgemeinten Absicht gehandelt haben, und möchte ihnen vergeben. Ich verstehe es völlig, daß Sie und andere Prälaten ein Interesse an der gerichtlichen Feststellung der Schuldigen haben. Aber ich bitte darum, daß auch Sie den Schuldigen vergeben. Wir sollten ihnen die Möglichkeit einer Besinnung geben, auch die Möglichkeit, freiwillig aus ihren Ämtern auszuscheiden, wenn sie sich außerstande sehen, mit mir zusammenzuarbeiten. Bitte teilen Sie das den anderen Kardinälen mit."

Dann fragte er weiter: „Ist der Druck der Enzyklika in beiden Fassungen eingestellt?" Auf die bejahende Antwort des Kardinals fuhr er fort: „Auch diese Angelegenheit habe ich mir gründlich überlegt und bin zu dem Ergebnis gekommen, daß dieses Hirtenschreiben baldmöglichst ausgedruckt und veröffentlicht werden soll. Ich werde den Text vorher nochmals durchsehen und durch einen Absatz über den Sinn meiner Teilnahme am orthodoxen und evangelischen Abendmahl in Jerusalem ergänzen. Nachdem diese Teilnahme nun einmal bekannt geworden ist, könnte es fehlgedeutet werden, wenn ich darüber schweige.

Auch meine weiteren Überlegungen möchte ich Eurer Eminenz mitteilen: Als neuen Präsidenten des Einheitssekretariates könnte ich mir den polnischen Missionsbischof vorstellen, der kürzlich aus China zurückgekommen ist. Er ist zwar kein Fachgelehrter auf dem Gebiet der anderen Kirchen, aber er war in Gefängnissen und Straflagern mit manchen nichtkatholischen Christen zusammen und hat für ihr geistliches Leben eine besondere Sensibilität erlangt. Auch scheint es mir wichtig, bei der Besetzung dieses Amtes zu berücksichtigen, daß in einem großen Teil der Menschheit die Christen unterdrückt und verfolgt sind. Dieser Bischof scheint mir etwas davon auszustrahlen, daß – wie der heilige Paulus sagt – Christi Kraft in den Schwachen mächtig ist. Ich wäre Ihnen dankbar, wenn Sie mit ihm ein ausführliches Gespräch führen und dann überlegen würden, ob Sie ihn für geeignet halten. Wenn ja, sollten wir ihm unsere Absicht bald mitteilen und ihm behilflich sein, die weiteren Mitarbeiter des Einheitssekretariates auszuwählen. Ich denke dabei sowohl an gelehrte Kenner der anderen Kirchen als auch an Persönlichkeiten mit meditativer Erfahrung und spirituellem Einfühlungsvermögen und an dogmatisch und kirchenrechtlich geschulte Diplomaten – in alledem an eine jüngere, international zusammengesetzte Gruppe.

Sodann möchte ich ein Konsistorium einberufen. Wir haben wieder einige Lücken im Kardinalskollegium aufzufüllen. Auch müßte der neue Präsident des Einheitssekretariates zum Kardinal ernannt werden. Vor dieser größeren Versammlung, in der außer den Kurienkardinälen die auswärtigen Kardinäle aus der ganzen Welt anwesend sein werden, möchte ich dann nochmals die Motive und Ziele meiner ökumenischen Initiative darlegen. Ich möchte, daß dann in aller Offenheit aus den verschiedenen Erfahrungsbereichen der katholischen Weltkirche zu meinen Plänen Stellung genommen wird, und will mich auch kritischen Rückfragen, meine Teilnahme am orthodoxen und evangelischen Gottesdienst betreffend, gerne stellen." Lächelnd fügte er hinzu: „Falls die Mehrheit der Kardinäle der Meinung ist, daß ich dadurch zu einem Häretiker geworden bin, bin ich bereit, ein Konzil einzuberufen, das über diese Meinung entscheidet. – Vor dem

Zusammentreten des Konsistoriums sollte genügend Zeit für die öffentliche Diskussion der Enzyklika und auch für die ersten Reaktionen aus den anderen Kirchen vorgesehen werden.

Danach wird es notwendig sein, daß wir in einem viel größeren Maße persönliche Verbindung mit den Oberhäuptern der anderen Kirchen aufnehmen und uns um ein Vertrauensverhältnis zu ihnen bemühen. Ist es nicht eigentlich seltsam, daß wir zwar bei vielen Staaten Botschafter unterhalten, aber kaum bei anderen Kirchen, auch nicht beim Ökumenischen Rat der Kirchen? Ich bin auch bereit, mich selbst auf den Weg zu machen, um die Verbindungen mit den anderen Kirchen zu intensivieren.

Es gibt sehr viele Aufgaben, die uns mit anderen Kirchen verbinden, aber wir haben sie bisher entweder nicht oder doch zuwenig mit ihnen gemeinsam in Angriff genommen. Der wissenschaftliche, ökumenische Dialog scheint mir sehr viel weiter vorangeschritten, als es bisher vom Vatikan zur Kenntnis genommen wurde. Bei karitativen und sozialen Aufgaben in Notstandsgebieten und Entwicklungsländern bestehen zwar Kontakte und gelegentliches Zusammenarbeiten, aber es wäre eine geordnete regelmäßige Zusammenarbeit von viel größerer Intensität nötig. Entsprechendes gilt von den kirchlichen Einsätzen für den Weltfrieden. Wenngleich einer Zusammenarbeit in diesem Bereich keine dogmatischen Hindernisse im Wege liegen, haben wir uns meistens gescheut, gemeinsam mit der übrigen Christenheit unsere Stimme zu erheben.

Wir werden schließlich bei einer Zusammenarbeit in einzelnen Aufgabenbereichen nicht stehenbleiben dürfen. Christus will die Einheit der Kirchen. Der Weg dahin wird lang und mühsam sein. Aber diesem Willen des Herrn wird sich keine Kirche entziehen dürfen. In welcher rechtlichen Ordnung diese Einheit Gestalt gewinnen wird, sehe ich noch nicht. Aber ich bin gewiß, daß die altkirchliche Gestalt der Gemeinschaft, nämlich: Einheit in der Mannigfaltigkeit, unsere Zielvorstellungen bestimmen muß."

Nach einer Pause wandte sich der Papst dem Kardinal noch einmal ganz persönlich zu: „Verehrter, lieber Freund! Für all diese Aufgaben bedarf ich Ihrer Hilfe. Sie haben mir noch nicht auf meine Bitte, in

Ihrem Amt zu bleiben, geantwortet. Ich wiederhole diese Bitte noch einmal dringend und herzlich. Ich kann auf Ihre Mitarbeit gerade jetzt am allerwenigsten verzichten."

„Heiliger Vater", antwortete der Kardinal, „ich bin bereit, in meinem jetzigen Amt so lange zu dienen, wie Ihnen mein Dienst nützlich erscheint." – Da umarmte ihn der Papst und dankte ihm für diese Zusage.

Nachdem er den Kardinal verabschiedet hatte, schrieb er an den Jerusalemer Patriarchen der griechisch-orthodoxen Kirche den folgenden Brief: „Eure Heiligkeit! Von den heiligen Stätten der Christenheit nach Rom zurückgekehrt, ist es mir ein tiefempfundenes Bedürfnis, Ihnen meinen ehrerbietigen und brüderlichen Gruß zu entbieten. Ich weilte inkognito in Jerusalem, zum ersten Mal in meinem Leben. Als einfacher Pilger habe ich die Stätten des Wirkens, des Leidens und der Auferstehung unseres Herrn besucht und die Tage in der Zurückgezogenheit der Buße, der Anbetung und der Fürbitte verbracht. Ich habe auch an der Heiligen Liturgie Ihrer Kirche teilgenommen. Noch nie ist mir die Widernatürlichkeit der Trennung unserer Kirchen so schmerzhaft bewußt geworden wie an der Stätte, wo Jesus Christus gestorben und auferstanden ist. Aber auch noch nie ist mir so überwältigend die Liebe unseres Herrn begegnet, der unseren Kirchen trotz ihrer Trennung in der Eucharistie seinen Leib und sein Blut schenkt. Bitte, sehen Sie es nicht als eine böswillige Verletzung der Ordnung Ihrer Kirche an, daß ich in ihr in aller Demut an der Kommunion teilgenommen habe. Es wäre mir wie eine Verleumdung des gegenwärtigen Christus vorgekommen, wenn ich mich der Gemeinschaft mit Ihrer Kirche entzogen hätte. Mir ist gewiß, daß es derselbe Herr ist, der sich in Ihrer und meiner Kirche den Sündern schenkt. Das Wesen dieser Pilgerschaft und die Kürze der Zeit haben es mir leider nicht erlaubt, Eure Heiligkeit persönlich aufzusuchen. Ich hoffe, bei einer anderen Gelegenheit Ihnen auch persönlich begegnen und danken zu dürfen. Der Friede Gottes sei mit uns allen. Ehrerbietig grüßt Sie Ihr Bruder in Christo ..."

Einen ähnlichen Brief schrieb der Papst an den Bischof der lutherischen Kirche in Jerusalem.

KAPITEL

Die offizielle vatikanische Bestätigung der Pressemeldung über die Pilgerreise des Papstes und seine Teilnahme am orthodoxen und evangelischen Abendmahl löste einen Sturm aus. Sie wurde zu einer Sensation ersten Ranges. Seit den Verhandlungen des Zweiten Vatikanischen Konzils über die Religionsfreiheit war von der Weltöffentlichkeit keine Meldung aus der katholischen Kirche mit einem so lebhaften Interesse zur Kenntnis genommen worden. Das Abendmahl, seine Bedeutung für den einzelnen, für die Gemeinschaft der Glaubenden und darüber hinaus für die Einigung der Menschheit, die Unterschiede in den Abendmahlslehren, -liturgien und -ordnungen und die Möglichkeiten ihrer Überwindung: Dies alles wurde nun auf einmal das Thema unzähliger Diskussionen in Versammlungen, Presse und Rundfunk. Weit über die Grenzen der Kirchen hinaus begann ein neues Fragen nach der Bedeutung Jesu Christi. Zugleich aber brachen Gegensätze auf, die quer durch die einzelnen Kirchen hindurchgingen.

Die ablehnende Haltung der Kurie versteifte sich. Die Gruppe derer, die den Gerüchten zunächst keinen Glauben geschenkt hatten, sah sich nun in derselben Situation wie die anderen, die bereits mit der Wahrheit jener Gerüchte gerechnet hatten und in Überlegungen über die zu ergreifenden Maßnahmen eingetreten waren. Die leitenden Prälaten der Kurie waren weit überwiegend der Überzeugung, daß die katholische Kirche zerfiele, wenn ihre Grenzen gegenüber den anderen Kirchen nicht strikt eingehalten würden. Mit dieser Überzeugung standen sie nicht allein. Durch mancherlei Anfragen von Bischöfen aus verschiedenen Ländern sahen sie sich in ihrer Sorge bestätigt. Sie hielten es für ihre Pflicht, eine baldige Feststellung darüber herbeizuführen, ob dieser Papst noch als Papst anerkannt werden könnte.

Auch aus anderen Kirchen wurden ablehnende Stimmen laut, freilich mit anderer Begründung. Hier sah man darin, daß der Papst zum Abendmahl der orthodoxen und der lutherischen Kirche hinzugetreten war, ohne deren Zustimmung vorher eingeholt zu haben, eine typisch römische Anmaßung. In dem Mißtrauen, das sich in einer jahrhundertelangen Abwehr päpstlicher Machtansprüche verfestigt hatte, erblickten manche gerade in dem Gewand des Pilgers einen besonders raffinierten und gefährlichen Versuch des Papstes, die anderen Kirchen unter seinen Einfluß zu bringen. So ging in Jerusalem das Gerücht um, daß der orthodoxe Patriarch nach der ersten Lektüre des päpstlichen Briefes ausgerufen hätte: „Welch eine Unverschämtheit!"

Aber gleichzeitig traten auch ganz andere Stellungnahmen an die Öffentlichkeit. Nicht nur viele katholische Laien, sondern auch katholische Priester und Bischöfe begrüßten den Schritt des Papstes und brachten dies in zum Teil überschwenglichen Dankadressen zum Ausdruck. Sie sahen in ihm einen der seltenen, ganz großen Päpste, dessen Liebe die historischen Grenzen überwindet. Je mehr der Widerstand gegen ihn bekannt wurde, desto begeisterter wurde die Zustimmung und desto mehr breitete sie sich in der katholischen Kirche aus. Auch aus den anderen Kirchen kamen Äußerungen tiefer Dankbarkeit von solchen, die erkannten, daß der Papst durch seinen mutigen Schritt nicht nur ihre Grenzen, sondern auch die der römischen Kirche durchbrochen hatte. Sie sahen darin einen wichtigen Schritt auf die Einheit zu, um die sie seit langem beteten.

Die hohen Wogen der ersten stürmischen Auseinandersetzungen ließen nach, als die angekündigte Enzyklika erschien. Nun lagen die Motive und Absichten des Papstes klar zutage. Jetzt konnte ein jeder nachlesen, wie der Papst zu seinem sensationellen Schritt in Jerusalem gekommen war und wie er ihn verstanden wissen wollte. Es begann eine Zeit des ruhigeren Nachdenkens, der Überprüfung der eigenen Positionen und eines neuen Hörens auf den anderen. Von besonderer Auswirkung war in diesem Zusammenhang die Veröffentlichung der beiden Briefe, die der Papst nach seiner Rückkehr aus Jerusalem von Rom dorthin gesandt hatte. Über ihren Inhalt waren so unsinnige Vermutungen verbreitet worden, daß ihre Veröffentlichung auch nach der Meinung der Adressaten notwendig geworden war. Beim Überdenken dieser Briefe setzte sich bei den meisten der überzeugende Eindruck durch, daß dieser Papst nicht herrschen, sondern dienen und lieben wollte, daß er keine Steigerung der kirchlichen Macht, sondern die Gemeinschaft suchte. Es wurde ganz deutlich, daß er nicht aus Berechnung, sondern nach seinem christlichen Gewissen gehandelt hatte. Gerade durch die unkonventionelle Art seines Handelns und durch die Wehrlosigkeit, in der er sich den Angriffen ausgesetzt hatte, wurde er für immer mehr Menschen glaubwürdig und liebenswert. Diesem Eindruck entsprachen auch die beiden sehr freundlichen Antwortschreiben, die er aus Jerusalem erhielt, wobei sich freilich der griechische Patriarch zurückhaltender äußerte als der lutherische Bischof.

Es entstand eine veränderte Atmosphäre, als ob ein Einbruch frischer, klarer Luft erfolgt sei, durch den wieder ein freieres Atmen möglich wurde. Die Unterschiede zwischen den Kirchen und auch die Unterschiede, die innerhalb einer Kirche in der Beurteilung der anderen bestanden, waren zwar nicht beseitigt, aber die Wände zwischen den Konfessionen hatten Risse bekommen. Es begann ein Sich-Wundern und Sich-Schämen, und es entstand eine innere Freiheit, nach der Wahrheit bei den getrennten Brüdern zu suchen und sich selbst in Frage stellen zu lassen.

In der Kurie freilich war der Widerstand noch nicht überwunden. Ja, hier hatte er sich nach der Veröffentlichung der Enzyklika und der Briefe sogar verstärkt. Die Gefahr eines Zerfalls der Kirche schien immer" näher zu kommen. Mehrere Kardinäle fühlten sich deshalb verpflichtet, für das angekündigte Konsistorium eine Entschließung vorzubereiten, durch die festgestellt werden sollte, daß der Papst durch sein Lehren und Handeln das Selbstverständnis der katholischen Kirche verlassen hatte. Aus einer solchen Feststellung würde dann automatisch folgen, daß der Papst sein Amt verloren hätte und ein neuer Papst gewählt werden müßte.

Demgenüber wies der Kardinalstaatssekretär unermüdlich darauf hin, daß das kanonische Recht keine Instanz kenne, die die Vollmacht habe, die Häresie eines Papstes und damit das Ende seiner Regierung festzustellen. Ein Teil der Kirchenjuristen nehme an, daß dies in der Verantwortung der Gesamtheit aller Kardinäle liege, andere hielten für eine so einschneidende Entscheidung ein Konzil für erforderlich. Aber dies seien Theorien, die keine direkte Grundlage im positiv geltenden Kirchenrecht hätten und die in Gefahr stünden, in den Widerspruch zum geltenden Dogma von der päpstlichen Vollmacht zu geraten, wie es im Ersten Vatikanischen Konzil definiert worden sei. Denn diese Definition sei bekanntlich in antiepiskopaler und antikonziliarer Front erfolgt. Würde ein Kardinalskollegium oder ein Konzil einen Papst absetzen, so verstoße es gegen das Dogma. Denn dieses lehre, daß gegen die Entscheidung des Papstes an keine andere Instanz, auch an kein Konzil, appelliert werden könne.

Außerdem wies er mit Nachdruck darauf hin, daß der Nachfolger Petri nach demselben Dogma die Vollmacht habe, „aus sich und nicht auf Grund der Zustimmung der Kirche" in Fragen der Lehre und der Moral Entscheidungen zu treffen, und daß diese Entscheidungen unabänderlich für alle, auch für die Kardinäle und Bischöfe, verpflichtend seien. Denn der Papst „besitzt auf Grund des göttlichen Beistandes, der ihm im heiligen Petrus verheißen ist, jene Unfehlbarkeit, mit der der göttliche Erlöser seine Kirche bei endgültigen Entscheidungen in Glaubens- und Sittenlehren ausgerüstet haben wollte". Dieses Vertrauen auf den besonderen Beistand des Heiligen Geistes, der den Papst vor Irrtümern schütze, dürfte der Grund gewesen sein, weshalb die Verfasser des Codex juris canonici keine Verfahrensweise für den Fall einer Häresie des Papstes vorgesehen hätten.

Zwar habe der jetzige Papst nicht „ex cathedra" gesprochen und somit die Unfehlbarkeit nicht in Anspruch genommen, aber die Kurie selbst habe ja immer darauf hingewiesen, daß auch den päpstlichen Enzykliken zu gehorchen sei.

Zweifellos habe letztlich allein Seine Heiligkeit darüber zu entscheiden, wie die apostolische Tradition in der jeweiligen Gegenwart auszulegen sei. Daß diese Auslegung sich nicht auf die bloße Rezitation früherer Entscheidungen beschränken könne, sondern voranschreiten und unter Umständen sogar frühere Entscheidungen korrigieren müsse, sei selbstverständlich. Man denke nur zum Beispiel an den Übergang, den Johannes XXIII. und Paul VI. im Zweiten Vatikanischen Konzil vom Antimodernismus der Pius-Päpste zur Anerkennung der Religionsfreiheit und der Freiheit wissenschaftlicher Forschung vollzogen hätten. Man denke auch an ihre Aufhebung der von früheren Päpsten erlassenen Verbote, an der ökumenischen Bewegung teilzunehmen.

Im übrigen möchten die Herren Kollegen doch bedenken, daß der jetzige Papst einer der verehrtesten und geliebtesten Nachfolger auf dem Stuhle Petri sei – ein Papst mit ungewöhnlicher Ausstrahlung. Vielleicht sei er einer der großen Heiligen. Und welcher Heilige hätte nicht am Anfang oder zeit seines Lebens mit dem Mißtrauen oder gar mit den Anfeindungen kirchlicher Behörden zu tun gehabt, ehe er dann nach seinem Tode von eben derselben Behörde heiliggesprochen wurde? Er wisse, daß von einem Prälaten sogar die Meinung geäußert worden sei, der Heilige Vater sei wahnsinnig geworden. Aber sollte man da nicht bedenken, daß nach der neutestamentlichen Überlieferung auch die Apostel, auch Paulus, ja, selbst Jesus Christus von ihrer Umgebung für wahnsinnig gehalten worden sind?

„Wenn uns die neue ökumenische Initiative des Heiligen Vaters zunächst nicht opportun zu sein schien, so kann kein Zweifel bestehen, daß eine Ablehnung dieser Initiative oder gar eine Absetzung dieses Papstes noch unvergleichlich weniger opportun wäre. Sie würde schlechterdings absurd erscheinen, nicht nur in den Augen des größten Teiles des katholischen Kirchenvolkes, sondern auch vor den anderen Kirchen und vor der Weltöffentlichkeit. Nicht der Heilige Vater, sondern die Kardinäle würden darüber stürzen."

Als dann das angekündigte Konsistorium stattfand und der Papst seine Gedanken nochmals darlegte und die nächsten geplanten Schritte bekanntgab, stellte sich heraus, daß die allgemeine Stimmung auf seiner Seite war. Es gab wohl manche Rückfragen aus dem Kreis der versammelten Kardinäle, auf die der Papst bereitwillig antwortete. Aber es wurde kein Versuch mehr gemacht, einen Beschluß gegen ihn herbeizuführen. Seine Gedanken hatten sich inzwischen weitgehend durchgesetzt. Zwar waren keineswegs schon alle Bedenken verschwunden, aber fast alle Kardinäle verpflichteten sich aufs neue zum Gehorsam und brachten den Willen zum Ausdruck, sich die ökumenische Zielsetzung des heiligen Vaters selbst anzueignen. Nur ganz wenige baten, von ihrem Amt aus Gewissensgründen entbunden zu werden. So schied auch der Präfekt der Glaubenskongregation auf eigenen Wunsch aus seinem Amt.

KAPITEL XVII

Die Teilnahme des Papstes an der orthodoxen und an der evangelischen Feier des Herrenmahls wirkte sich nach dem ersten Sturm als
der entscheidende Durchbruch aus, als Durchbruch durch die alten
verfestigten Fronten, in denen sich die römisch-katholische, die orthodoxe Kirche und die Reformationskirchen seit Jahrhunderten gegenübergestanden hatten, ein Durchbruch, der darüber hinaus auch für
die übrige Christenheit bedeutsam wurde.

Es begann nun, wie der Papst erwartet hatte, ein sehr lebendiger
Austausch in Briefen und persönlichen Begegnungen auf den verschiedensten Ebenen. Viele Leiter der anderen Kirchen besuchten den
Papst, und häufiger als seine Vorgänger verließ dieser Rom, um Repräsentanten der anderen Kirchen aufzusuchen. Eine große Hilfe war
ihm bei alldem der neue Präsident des Einheitssekretariates, der nach
der langen Abgeschlossenheit der Jahre in der Gefangenschaft mit einer ungewöhnlichen Wachheit und Freudigkeit das geistliche Geschehen in der Christenheit wahrnahm. Der Kardinalstaatssekretär,
der Präsident des Einheitssekretariates und der für die sozialpolitischen
Aktionen zuständige französische Kurienkardinal ergänzten sich auf

das beste. Der Papst sah seine Intentionen von ihnen voll und ganz aufgenommen.

Da nun innerhalb der römisch-katholischen Kirche die ökumenischen Initiativen nicht mehr verdächtigt, sondern von oben her freigegeben und gefördert wurden, traten in ihr mehr und mehr diejenigen Kräfte hervor, die zuvor verborgen gewesen waren, aber schon seit langem die Gemeinschaft mit anderen Christen ersehnt hatten. Ihnen schlossen sich zunehmend auch solche an, denen der Gedanke an die Kircheneinigung bisher ferngelegen hatte. Dabei stießen die katholischen Theologen und Laien bei den meisten anderen Kirchen auf eine Offenheit, ja, auf eine Gegenliebe, die sie nicht vermutet hatten, ganz als ob sie dort schon seit langem erwartet worden wären. Der Austausch blieb nicht ein bloßes Abtasten und Vergleichen. Es begann ein Fragen in der Bereitschaft hinzuzulernen, und zunehmend ereignete sich ein wechselseitiges Entdecken der Zugehörigkeit zum selben Herrn der Kirche. Mit diesen Entdeckungen entstand eine Freude aneinander, in der die alte Fremdheit verschwand.

Immer deutlicher wurde auch erkannt, daß gegenüber dem fortschreitenden Zerfall menschlichen Zusammenlebens und angesichts der Bedrohung der Menschheit gemeinsam geplant und gehandelt werden mußte. Es wurde den Christen bewußt, daß es nicht genügte, nur gelegentlich zusammenzuarbeiten. Mehr und mehr wurden darum alle personellen und materiellen Reserven der Kirchen gemeinsam zum Einsatz gebracht.

Von diesem Aufbruch wurden auch viele junge Menschen erfaßt, die sich von ihrer Kirche abgewandt und von ihr nichts mehr erwartet hatten. Sie erkannten, daß das Evangelium sich als erneuernde Kraft auswirkte und daß hier noch etwas geschah, für das es lohnte, sich einzusetzen. Nicht weil die Kirchen zuviel, sondern weil sie zuwenig von ihnen gefordert hatten, waren sie für manche von ihnen uninteressant geworden. Nun aber entdeckten sie da eine Zukunft, wo sie bisher nur hoffnungslose Gestrigkeit zu sehen gewohnt waren, und Aufgaben, die sinnvoller und interessanter waren als das, womit sie bisher ihrem Leben Sinn und Auftrieb zu geben versucht hatten. Der Theologennachwuchs nahm zu, und vielerorts schlossen sich Jugendliche aus verschiedenen Kirchen zu Lebensgemeinschaften zusammen, in denen man entschlossen war, rückhaltlos Christus zu dienen. Hier hatte man kein Verständnis mehr dafür, daß die Kirchen noch nicht vereinigt waren, und bat um eine von den Kirchen ausgehende gemeinsame ökumenische Sendung zum Einsatz als Zeuge und Helfer in besonderen Nöten der Welt.

Schon bald wurde deutlich, daß der persönliche Austausch und die Zusammenarbeit in einzelnen Arbeitsbereichen und Gruppen nicht genügten, um den Aufgaben gerecht zu werden. Die Forderung nach der Einigung der Kirchen und einer umgreifenden Gesamtordnung wurde immer dringlicher, und noch nie schien die Verwirklichung so nahe gerückt. Es wurden von der römisch-katholischen Kirche und den Kirchen des ökumenischen Rates Kommissionen mit dem Auftrag gebildet, die dogmatische Grundlage und die rechtliche Ordnung der erwünschten, geeinten Kirche zu erarbeiten.

Diese Arbeit wurde mit intensivem Einsatz und viel Scharfsinn in Angriff genommen und von den Kirchen mit großen Erwartungen begleitet. Sie machte zunächst schnelle Fortschritte. Aber dann stellten sich zunehmend Schwierigkeiten ein. Als die Kommission, die die Klärung der dogmatischen Grundlage zur Aufgabe hatte, die gemeinsame Glaubenssubstanz in Sätzen zu formulieren suchte, erschienen diese im Vergleich zu den Glaubensbekenntnissen und Lehraussagen der einzelnen Kirchen blaß, unbestimmt, vieldeutig, ja, beinahe nichtssagend. Das Zeugnis jeder einzelnen Kirche war kräftiger, konkreter, lebendiger als der Konsensus, den man erarbeitete. Die Kommission, die eine gemeinsame Rechtsordnung erstellen sollte, stieß bald auf die Schwierigkeiten, die sich aus den in den verschiedenen Kirchen vorhandenen teils mehr episkopalen, teils mehr presbyterialen, teils mehr synodalen Ordnungen ergaben. Man wurde sich zwar darin einig, daß in der geeinten Kirche keines dieser drei Ordnungselemente fehlen dürfte. Aber ihr Miteinander schien nicht möglich, ohne daß eines dieser Elemente den anderen übergeordnet würde und somit ein Teil der Kirchen ihre bisherige Ordnung ändern müßte. Jede Kirche scheute sich, einer Änderung zuzustimmen, durch die der Anschein erweckt werden konnte, als seien ihre Ämter bisher nicht voll und ganz gültig gewesen. Diese Schwierigkeiten spitzten sich vollends zu bei der Frage nach der obersten Leitung der geeinten Kirche: Sollte sie vom ökumenischen Konzil oder von einem aus den verschiedenen kirchlichen Traditionen entsandten Presbyterium, oder sollte sie von einem einzelnen ausgeübt werden? Und wenn ein einzelner der oberste Hirte der Christenheit würde, sollte dies der Bischof von Rom sein? Je mehr man sich bemühte, diese Fragen gemeinsam zu entscheiden, desto mehr Frustrationen stellten sich ein. Die einen verhärteten sich in der Konfrontation der Einheitsvorstellungen, die ein jeder aus der Tradition seiner Kirche mitbrachte. Bei den anderen zeigte sich im Gegensatz dazu die Neigung zu einem konturlosen Zerfließen der Glaubensinhalte in weltpolitischen und sozialen Aktivitäten.

Der Papst bemerkte diese Entwicklung schon, bevor sie der Öffentlichkeit bewußt wurde, und war darüber sehr beunruhigt. Es ging ihm um die Erweckung gemeinsamer Kräfte des Glaubens und der Liebe, nicht aber um einen unbestimmten Aktivismus, und um die Gemeinschaft in Christus, nicht aber um eine Gemeinschaft um jeden Preis. Aber nicht weniger als die Gefahr einer Auflösung beunruhigten ihn die Anzeichen einer erneuten Verhärtung. Besonders bekümmerte es ihn, daß in den vorbereitenden Verhandlungen wieder das päpstliche Amt zu einem Hindernis der Kircheneinigung geworden war. Ihm schien die Frage der obersten Leitung verfrüht und in unangemessener Gleichrangigkeit mit den Bemühungen um die Einheit des Glaubens in Angriff genommen zu sein. Er wußte, daß die Einheit der alten Kirche in der Gemeinschaft der apostolischen Lehre, der Sakramente und der örtlichen Bischöfe bestanden hatte und daß die Organe einer überregionalen und universalen Kirchenleitung erst allmählich entstanden waren. Dieser Reihenfolge maß er eine grundsätzliche Bedeutung zu. Er war der Überzeugung, daß, wo eine Gemeinschaft im Glauben bestand, die Fragen der universalen kirchlichen Rechtsordnung kein entscheidendes Hindernis der Einigung mehr sein könnten, sondern sich später wie von selbst lösen müßten. Man ging zu sehr von außen an den Bau des gemeinsamen Hauses heran und hätte viel stärker vom Wesentlichen, nämlich vom Wirken Christi in den Kirchen, ausgehen müssen.

Der Papst tauschte seine Sorgen mit maßgeblichen Vertretern anderer Kirchen aus und fand hier eine ähnliche Beunruhigung. Aus diesem Austausch entstand bei ihm ein Gedanke, der sehr viel bescheidener war als die Überlegungen, die die Kommissionen beschäftigt hatten, ein Gedanke, der so sehr hinter die Planungen der Architekten der Kircheneinigung zurückgriff, daß er den ökumenischen Aktivisten auf den ersten Blick geradezu als Rückschritt erscheinen konnte. Dem Papst schwebte ein gemeinsames Pfingstfest der getrennten Kirchen vor. Er dachte nicht an eine Kirchenversammlung in konziliarer Form mit Kommissionsvorlagen, Beratungen und Beschlüssen, sondern ganz schlicht an eine gemeinsame Feier des nächsten Pfingstfestes, bei der alle Versammelten hörend und mitbetend an den Gottesdiensten der verschiedenen beteiligten Kirchen teilnehmen und deren Verkündigung bedenken würden. Die Erinnerung an seine eigenen Erfahrungen in Jerusalem wirkte sich hier aus. War es doch jedesmal im Mitfeiern ihres Gottesdienstes geschehen, daß sich eine getrennte Kirche ihm ganz erschlossen hatte. Er dachte auch nicht an eine Zusammenkunft aller Kirchen und kirchlichen Gemeinschaften in der ganzen Vielfalt der Absonderungen, sondern zunächst nur an diejenigen Kirchen, die in unmittelbarer und direkter Weise an den großen historischen Kirchenspaltungen beteiligt gewesen waren, die bis zur Gegenwart den Zustand der Christenheit bestimmten: an die orientalischen Kirchen, die sich bereits im fünften und sechsten Jahrhundert von der Reichskirche losgelöst hatten, an die römische und die byzantinische Kirche, die seit dem elften Jahrhundert getrennt nebeneinander standen, und an die wichtigsten westlichen Kirchen, die sich im sechzehnten Jahrhundert getrennt hatten. Er war der Überzeugung, daß diese an den fundamentalen historischen Trennungen beteiligten Kirchen bis heute am tiefsten verwundet waren und daß von der Schließung dieser Wunden ein Heilungsprozeß ausgehen würde, der dann auch die vielen Absonderungen ergreifen würde, die sich bei jeder dieser Kirchen im Verlauf ihrer weiteren Geschichte vollzogen hatten.

Entscheidend war für ihn der gottesdienstliche Charakter dieses Zusammenseins. In diesem Rahmen sollte jede Kirche in Predigten und

Vorträgen von den Voraussetzungen ihrer Tradition her bezeugen, worin die Heilsbedeutung Jesu Christi für ihre Glieder und für die Welt heute besteht. Die Predigten sollten auf das Abendmahl bezogen sein und dem Lobpreis der Gabe dienen, die in dieser Feier dargereicht wird. Die Vorträge über die Heilsbedeutung Christi sollten nicht nur über die Lehre der einzelnen Kirche referieren, sondern auf Grund dieser Lehren das Heil verdeutlichen, das Christus den Menschen heute bringt. Dabei sollte das Zeugnis jeder Kirche durch mehrere Stimmen aus verschiedenen Ländern laut werden, damit die Bedeutung des Evangeliums für die verschiedenen geistigen, sozialen und politischen Situationen der Menschheit deutlich würde.

Als der Papst diesen Vorschlag dem ökumenischen Patriarchen unterbreitete, stimmte dieser ihm zu und fand auch das Ja der anderen orthodoxen Kirchen. Auch die Häupter der übrigen vom Papst ins Auge gefaßten Kirchen schlossen sich an. Sie alle bejahten den Grundgedanken des gemeinsamen Pfingstfestes und die vorgeschlagene Thematik. Gemeinsam teilte man jeder Kirche einen Tag der Pfingstwoche zu und legte die Tagesordnung fest, wobei reichlich Zeit gelassen wurde für persönliche Gespräche und für den Austausch in großen und kleinen Gruppen. Man sah für jede der an den großen historischen Spaltungen unmittelbar beteiligten Kirchen die gleiche Höchstzahl von Delegierten vor und gab auch Raum für die Teilnahme von Gästen aus anderen Kirchen. Von jeder Planung einer Abendmahlsgemeinschaft sah man bewußt ab und überließ es der einzelnen Kirche, in der Frage der Zulassung zur Kommunion nach der in ihr geltenden Ordnung zu verfahren. Dabei wußte man um die Ausschließlichkeit, mit der ganz besonders die orthodoxe Kirche die Abendmahlsgemeinschaft auf ihre eigenen Glieder zu beschränken pflegte, und man war sich darin einig, dies zu respektieren.

Eine nicht ganz einfache Frage war die Wahl des Ortes. Man suchte nach einer Stätte aus der Frühzeit der ungeteilten Kirche, die für alle Teile der Christenheit eine besondere Bedeutung hatte. Am liebsten wäre man nach Jerusalem gegangen, aber die politischen Verhältnisse waren dort zu schwierig. So entschloß man sich nach mancherlei Überlegungen für die zwischen Asien und Europa gelegene Insel Patmos, auf der einst der Seher Johannes als Verbannter gelebt und die Offenbarung empfangen und niedergeschrieben hatte. Diese Insel war zwar klein, und ihr bekanntes altes Kloster und die Häuser der Fischer und Bauern boten nur bescheidene Unterkünfte. Aber in echter griechischer Gastfreundschaft wurden Häuser und Herzen weit geöffnet. Ein reicher Armenier ließ ein großes Versammlungszelt aufstellen. Andere sorgten für die Einrichtung und für Übersetzungsanlagen.

Der Papst hatte soviel Vertrauen gefunden, daß einige Vertreter der anderen Kirchen ihn darum baten, die Leitung der Versammlung zu übernehmen. Aber er lehnte dies ab. Er sei wohl bereit, in Patmos die Gedanken vorzutragen, die ihn zu seinem Vorschlag veranlaßt hätten, aber es müsse völlig eindeutig sein, daß die Kirchen, die am Pfingstfest gemeinsam um das Kommen des Heiligen Geistes beten würden, gleichberechtigt und gleichbedürftig seien. So müßten die Einladungen von der Gemeinschaft ihrer Oberhirten ausgehen, und von dieser Gemeinschaft müsse auch die Leitung ausgeübt werden.

KAPITEL

Es waren ca. 500 Menschen, die aus allen Erdteilen und Rassen und aus vielen Nationen in den Tagen vor Pfingsten auf Patmos eintrafen. Auf der abgelegenen und stillen Insel erklangen viele Sprachen, und es entstand ein buntes Bild der Menschen in ihren vielerlei geistlichen und weltlichen Gewändern. Das Zelt, in dem sie zusammenkamen, wurde zu einer Erinnerung an den Zug des Volkes Israel aus Ägypten durch die Wüste Sinai, und die Behelfsmäßigkeit der Unterkünfte war ein mahnendes Gleichnis für den Weg der Kirche, die in dieser Welt keine bleibende Stätte hat, sondern dem kommenden Reich entgegenwandert.

Das Zusammensein begann am Vorabend des Pfingstfestes mit einem gemeinsamen Gottesdienst, in dem die versammelten Kirchen, eine jede auf ihre Weise, um das Kommen des Heiligen Geistes beteten. In manchen dieser Gebete wurde das Bewußtsein der Schuld, der Bedürftigkeit und der Sehnsucht nach Erneuerung so ergreifend laut, daß es nicht mehr die Bitte des einzelnen Beters und seiner Kirche blieb, sondern zur Bitte aller wurde. Das Amen wurde zu einem gemeinsamen Amen.

Im Rahmen dieses Bittgottesdienstes legte der Papst seine Gedanken über den Sinn des Zusammenseins dar. Wie in seiner Enzyklika begann er auch hier mit dem Hinweis auf das Kommen des Herrn, der auch die Christen richten werde. Wieder sprach er von dem, was die Christen der Menschheit schuldig geblieben seien, indem sie durch ihre Spaltungen die Botschaft von der Liebe Gottes unglaubwürdig gemacht hätten. Er sprach sehr persönlich darüber, wie spät er selbst dies erkannt habe und wie sehr er sich deshalb schuldig fühle. Aber durch Gottes Gnade seien ihm die Augen dafür geöffnet worden, daß Christus trotz der Ärgernisse, die durch die Spaltungen entstanden waren, in den getrennten Kirchen wirke. Damit sei auch die entscheidende Voraussetzung dafür gegeben, die Trennungen zu überwinden, und es wäre widernatürlich, in ihnen zu verharren. In eindringlicher Weise rief er dazu auf, daß ein jeder seine gewohnten Vorstellungen Gott zum Opfer bringe und vom Heiligen Geist einen neuen Blick für die Brüder und für den Dienst an der Welt erflehe. Die Liebe Gottes wolle sich der Welt manifestieren durch die Liebe der Glaubenden zueinander. – Für diejenigen, die die Ansprachen, die Enzyklika und die Briefe des Papstes an den griechischen Patriarchen und an den evangelischen Bischof in Jerusalem kannten, sagte diese Predigt nichts wesentlich Neues. Aber der Papst sprach so demütig und brüderlich und zugleich so eindringlich und vollmächtig, daß seine Worte alle zutiefst bewegten.

Dies war die Zurüstung für das Pfingstfest, das allen Beteiligten unvergeßlich werden sollte. Dieses Pfingstfest blieb nicht nur eine Erinnerung an die Geistausgießung, die sich einst über die Apostel vollzogen hatte, es blieb auch nicht nur ein Flehen um das Herabkommen des Geistes auf die arme, zerrissene Christenheit. Vielmehr ereignete sich, was erbetet wurde. Die Tage waren pfingstlich nicht nur dem Namen nach, sondern in der Kraft des Heiligen Geistes.

Da die Insel Patmos im Bereich des ökumenischen Patriarchats von Konstantinopel lag, wurde der erste Pfingsttag mit der Heiligen Liturgie des Chrysostomus in griechischer Sprache gefeiert. Der Patriarch selbst zelebrierte den Gottesdienst und hielt auch die Predigt, in der er freudigen Herzens die Gegenwart Christi pries und dazu aufrief, sich nicht gegen die Erneuerung zu verschließen, die der Heilige Geist an der Menschheit vollziehe. Danach sprachen ein russischer Bischof, ein griechischer Theologieprofessor und ein in Nordamerika lehrender Religionsphilosoph von den Voraussetzungen ihrer orthodoxen Tradition her über die Bedeutung des Erlösers für die Menschheit heute. Es folgte in Gruppen und im Plenum ein lebendiger Austausch mit Vertretern der anderen Kirchen. Der Tag schloß mit einem Abendgebet nach der Ordnung der orthodoxen Kirche.

Der Pfingstmontag begann mit der Messe der römisch-katholischen Kirche, die von Bischöfen und Priestern aus verschiedenen Ländern gemeinsam zelebriert wurde. Ein afrikanischer Bischof hielt die Predigt. über die Heilsbedeutung Christi heute sprachen Theologen und Laien aus Frankreich, Südamerika und Indien. Auf die Aussprachen folgte das Nachtgebet nach der Ordnung der römisch-katholischen Komplet. In dem gleichen Rhythmus verliefen die weiteren Tage, in denen nacheinander die Zeugnisse der anderen orientalischen und der Reformationskirchen laut wurden.

Viele der Anwesenden hatten noch nie am Gottesdienst einer anderen Kirche teilgenommen. Als sie nun hörend und betend diesen Gottesdiensten beiwohnten, die Tag für Tag nach der Ordnung einer anderen Kirche gefeiert wurden, erlebten sie etwas Neues und Überwältigendes. Zwar sahen sie sich zuerst mit vielen Unterschieden konfrontiert, die sie verwirrten. Sie nahmen liturgische Texte, Symbole und Handlungen wahr, die sie zunächst recht fremd anmuteten. Aber die auf Patmos Versammelten entdeckten inmitten solcher Verschiedenheiten bald die ihnen allen wohlbekannten, fundamentalen Bestandteile, die in jedem Gottesdienst wiederkehrten: Lesungen aus der Bibel, das Bekenntnis des dreieinigen Gottes und seiner Taten, das Vaterunser und die Worte, mit denen Jesus vor seinem Tode das Abendmahl gestiftet hatte; darüber hinaus viele ähnliche Gebote und einen letztlich doch gleichen Aufbau der Feier. Mehr und mehr wurde den Anwesenden deutlich, daß in den Verschiedenheiten all dieser gottesdienstlichen Handlungen demselben Gott gedankt und die Gabe desselben Christus verkündigt und ausgeteilt wurde. Man erkannte zunehmend, daß dieser Reichtum größer war, als daß er nur von einer liturgischen Ordnung und mit ein und denselben Worten zur Darstellung kommen könnte.

Diese Gewißheit wurde durch die Abendmahlspredigten noch verstärkt. Das war von vorneherein keineswegs selbstverständlich. Denn in der Abendmahlslehre bestanden ja zwischen den Kirchen seit langem wesentliche Gegensätze, zumal in den Fragen der Wandlung und des Opfers. Den Predigern war aber die Aufgabe gestellt, zu verkündigen, was Christus nach dem Verständnis ihrer Kirche im Abendmahl den Menschen schenkt. Auch hier gab es Unterschiede: die einen blickten mehr auf den Gekreuzigten, die anderen mehr auf den erhöhten Christus; die einen betonten stärker den Zusammenhang mit Jesu letztem Mahl, die anderen den mit dem zukünftigen Mahl im Reiche Gottes; die einen gingen mehr von den Voraussetzungen der Sünde, die anderen mehr vom menschlichen Elend aus, und es wurde auf der einen Seite mehr die Gabe der Vergebung, auf der anderen mehr die des neuen Lebens betont; teils wurde stärker die Gemeinschaft mit Christus, teils mehr die Gemeinschaft mit den Brüdern hervorgehoben. Aber man erkannte, daß es sich bei solchen Unterschieden nicht um Gegensätze handelte, die einander ausschlossen, sondern um eine Vielfalt von Zeugnissen, die sich ergänzten. Mehr und mehr wurden Verschiedenheiten in den Predigten als Mannigfaltigkeit ein und desselben Zeugnisses verstanden. Denn jede Predigt verkündigte die Gegenwart Christi und lud ein zum Empfang seines am Kreuz geopferten Leibes und Blutes – jede Predigt ohne Ausnahme! Offensichtlich konnte keine einzelne den Reichtum dieser Gabe angemessen ausdrücken, vielmehr schien ein Chor von vielen verschiedenen Zeugen geradezu notwendig.

Bei dieser Konzentration der Verkündigung auf den Zuspruch und den Empfang der Gabe trat das umstrittene Problem der Wandlung in den Hintergrund. Das ganze Gewicht lag auf der Gegenwart des sich schenkenden Christus. Die traditionellen Gegensätze in der theoretischen Verhältnisbestimmung von Leib und Brot sowie von Blut und Wein verblaßten gegenüber dieser Realität und erhielten einen geringeren Stellenwert. Ähnlich ging es mit der Reflexion über die Gültigkeit der Ämter und über das Verhältnis zwischen dem Handeln des Priesters und dem einmaligen Opfer auf Golgatha oder (ökumenisch) Golgota. Auch diese Fragen verblaßten gegenüber der zunehmenden Gewißheit, daß derselbe Christus in diesen Gottesdiensten der getrennten Kirchen gegenwärtig war und Anteil an seinem Tode gab. So widerfuhr den auf Patmos Versammelten Ähnliches wie zuvor in Jerusalem dem Papst.

Seltsam erging es ihnen auch im Hören der Vorträge über die Heilsbedeutung Christi heute. Immer wieder anders kam sie zur Darstellung, je nach den kirchlichen Traditionen und den konkreten Situationen, aus denen heraus der einzelne sprach. Es kamen Vertreter aus Kirchen zu Wort, die als Minderheiten in heidnischer oder atheistischer Umgebung in Bedrängnis lebten. Sie konnten Christus bezeugen als den Sieger, der die Gewölbe über Kerkerzellen durchbrach und den Himmel öffnete. Es sprachen andere aus westlichen Großstädten, die berichteten, wie er dem Leben haltloser Jugendlicher Mitte und Inhalt wurde und wie er Menschen aus der Langeweile und Leere des äußeren Wohlstandes zu selbstlosem Einsatz erweckte. Er wurde als der bezeugt, der unmenschlich gewordene Verhältnisse aufdeckte und Wege zur Heilung wies, der die Mächtigen beschämte und die Ohnmächtigen aufrichtete. Verschieden war das Gewicht, das die Vergebung oder die Erneuerung, die Sammlung der Gemeinde oder die Veränderung der Welt sowie das bereits jetzt erschienene und das noch ausstehende Heil in den verschiedenen Reden hatte. Aber das war die Entdeckung dieser Tage: In all diesen Vorträgen und Aussprachen ging es um denselben Christus. Die Unterschiede wurden nicht als Gegensätze, sondern als Ergänzungen und Korrekturen verstanden. Selbst der traditionelle Gegensatz zwischen den monophysitischen und den anderen in Patmos versammelten Kirchen verblaßte in der aktuellen Bezeugung der göttlichen Heilstat. Dabei wurden die Vorträge und Diskussionen, wenngleich ihre Thematik in allen diesen Tagen dieselbe war, nicht einen Augenblick langweilig. Denn es trat der Versammlung mehr und mehr die unermeßliche Fülle vor Augen, die der Menschheit durch Jesus Christus erschlossen ist. Was auch gesagt wurde, er war immer noch größer und seine Kraft noch stärker, als der einzelne erkannt hatte. Jedes Zeugnis erschloß neue Dimensionen seines Wirkens.

So ereignete sich an den in Patmos aus aller Welt Versammelten das, was einst am Pfingstfest in Jerusalem die dort zusammengekommenen Juden, Römer und Araber, die Bewohner von Asien, Ägypten und anderen Ländern erlebt hatten. Sie wurden herausgerissen aus der Absonderung ihrer Sprachen und Traditionen und entdeckten die Identität dessen, den sie bezeugten. Auf ihre Weise erlebten die Christen auf Patmos das, was die Apostelgeschichte berichtet: „Ein jeder hörte die anderen in seiner Sprache von den großen Taten Gottes reden – sie waren alle außer sich, und ratlos fragte einer den anderen: Was soll das bedeuten?" Aus diesem Staunen brach auf Patmos wieder der Jubel der urchristlichen Gemeinde hervor, die große Freude über Gottes Taten und der freudige Drang, sie aller Welt gemeinsam zu bezeugen.

Für den frühen Morgen des Tages der Abreise war ein Dankgottesdienst vorgesehen, den der Bischof der Insel leiten und an dessen Schriftlesungen und Gebeten die Vertreter anderer Kirchen beteiligt werden sollten. Am Abend zuvor bat der ökumenische Patriarch die Leiter der anderen Kirchen zu sich und redete sie in großer Offenheit an:

„Meine ehrwürdigen und geliebten Brüder! Gestatten Sie mir in dieser Stunde vor dem Abschied ein ganz persönliches Wort. Zum erstenmal in meinem Leben habe ich hier Eucharistiefeiern anderer Kirchen beigewohnt, und ich kann nicht verschweigen, daß ich davon bis ins Innerste bewegt bin. Es ist mir gewiß geworden, daß in allen diesen Feiern dasselbe geschehen ist, was unser Herr bei seinem letzten Mahl den Jüngern aufgetragen hat zu tun. Mir ist kein Zweifel, daß Christus in all diesen Feiern gegenwärtig war und sich geschenkt hat. Ich verstehe nun den Schritt" – hier wandte sich der Patriarch an den Papst –, „den Eure Heiligkeit in Jerusalem getan haben. Ich bin davon überzeugt, daß unsere Kirchen" – hier richtete er sich wieder an alle – „in Christus eins sind. Ich weiß nicht, wie es Ihnen ergangen ist. Aber von Tag zu Tag empfand ich es als schmerzlicher und widernatürlicher, an der Kommunion Ihrer Kirchen nicht teilzunehmen. So entstand bei mir die Frage: Sollten wir nicht, bevor wir auseinandergehen, gemeinsam die Eucharistie feiern, gemeinsam die eucharistische Gabe empfangen? Ich meine: ja. Zur Tradition meiner Kirche gehört nicht nur die Rechtsbestimmung, die keine Abendmahlsgemeinschaft mit anderen Kirchen zuläßt, sondern auch die Oikonomia, nämlich der Grundsatz, daß in der Freiheit der Liebe in besonderen Fällen geistlicher Notwendigkeit eine geltende Rechtsbestimmung durchbrochen werden darf. Die hier versammelten Kirchen sind zwar in ihren Dogmen und in ihren Rechtsordnungen noch nicht geeint, aber wir haben hier eine Einheit in Christus entdeckt, die tiefer reicht als die bestehenden Unterschiede. Wir haben in diesen Tagen gemeinsam die Liebe Gottes bekannt. Darum steht im Entscheidenden nichts mehr zwischen uns. Ich wage nicht darüber zu urteilen, welche Möglichkeiten Sie von den Voraussetzungen Ihrer Kirchen her haben, auf meinen Vorschlag einzugehen. Sie dürfen versichert sein, daß, wenn Sie ihn ablehnen, meine Liebe zu Ihnen, verehrte Brüder, dadurch nicht gemindert wird."

Als erster stimmte der Papst mit großer Freude zu. Ihm folgten der Erzbischof von Canterbury und die anderen Vertreter der Reformationskirchen. Aber auch die Patriarchen der alten, von Konstantinopel getrennten orientalischen Kirchen schlossen sich nicht aus. Der Papst schlug vor, den Bischof von Patmos zu bitten, den ihm übertragenen Dankgottesdienst als eucharistischen Gottesdienst zu halten.

So feierte die Versammlung zum Abschluß unter der Leitung des Ortsbischofs und unter Mitwirkung der Häupter der anderen Kirchen nochmals die Heilige Liturgie des Chrysostomus. Der Bischof von Patmos predigte über Christi hohepriesterliche Bitte: „Daß alle eins seien!" Er fragte, ob es wohl denkbar wäre, daß Gott dieses Gebet nicht erhört hat. „Nein", antwortete er, „das ist unmöglich. Wie sollte das Gebet des Sohnes unerhört geblieben sein? Denkbar ist nur, daß wir Menschen diese Einheit verkannt haben." Er dankte Gott dafür, daß er den Versammelten die Augen für die in Christus gegebene Einheit geöffnet hatte. Nach der Predigt lud er alle, die reuigen Herzens Christi Leib und Blut zur Vergebung der Sünden zu empfangen begehrten, ein zur Kommunion. Als er die eucharistischen Hochgebete gesprochen hatte, traten als erste die Oberhäupter der versammelten Kirchen zum Empfang herzu. Dann reichten sie gemeinsam den anderen das Sakrament. Zum Schluß spendete der Papst den Segen. Zwar waren nicht alle Anwesenden der Einladung zur Kommunion gefolgt. Aber nach Schluß des Gottesdienstes verstanden sie selbst nicht mehr, daß sie die Einladung abgelehnt hatten.

So wurde das Pfingstfest auf Patmos zu einem Fest der Versöhnung in der Gemeinschaft des Glaubens und der Anbetung. In dem gemeinsamen Empfang des Leibes Christi wurden die Versammelten zu einem Leib. Freilich wußten sie alle, daß sie wieder heimkehren mußten in die oft schwierigen, ja, verfahrenen Verhältnisse ihrer Kirchen und Völker. Sie wußten, daß noch ein Weg vor ihnen und ihren Kirchen lag durch manche gefährliche und dürre Gebiete hindurch. Aber sie hatten hier auf Patmos den Segen erfahren, der auf der ärmlichen „Zelthaftigkeit" des Volkes Gottes lag. Sie hatten in aller Abgeschiedenheit einen Abglanz von dem erlebt, was einst dem Seher Johannes hier in der Verbannung geoffenbart worden war: die Herabkunft des himmlischen Jerusalems zur Erde, die Versammlung der Glaubenden aller Orte und Zeiten zum Hochzeitsmahl des Lammes mit seiner Braut, der Kirche. Das wurde ihnen zum Leitstern für die kommende Arbeit. Das Pfingstfest war für sie alle zu einem überwältigenden Erlebnis geworden, Erlebnis nicht nur in einem emotionalen Sinn, sondern auch als Erleuchtung des Denkens. In der Erfahrung der Einheit in Christus wurden die Prinzipien deutlich, die die weiteren Schritte der Einigung bestimmen müßten: Einheit nicht in der Gleichheit, sondern in der Gemeinschaft; Vorrang des gottesdienstlichen Bekenntnisses vor den Aussagen theoretischer Reflexion. Man entdeckte wieder die Strukturen der urchristlichen und altkirchlichen Einheit. In diesen Durchbrüchen des Glaubens und des Erkennens geschah tatsächlich, was dem Papst bei seinem Vorschlag vorgeschwebt hatte. Die vielen kleinen Flammen der getrennten Kirchen vereinigten sich zu einer hochlodernden Flamme, von der ein strahlendes Licht und eine beglückende Wärme ausgingen.

Das Feuer erlosch nicht mit dem Abschluß des pfingstlichen Zusammenseins. Es loderte weiter in den Kirchen, die in Patmos vertreten waren. Es griff auch auf solche über, die dieses Pfingstfest nicht selbst miterlebt hatten. Waren auf Patmos zunächst nur diejenigen Konfessionen versammelt gewesen, die die Verantwortung für die tiefgreifendsten und folgenschwersten historischen Spaltungen zu tragen hatten, so griff die Flamme nun auch auf die vielen anderen Kirchen und kirchlichen Gemeinschaften über, die sich wiederum abgespalten hatten. Eine jede der großen Kirchen, die in Patmos das Pfingstfest gefeiert hatten, versammelte die von ihr Abgetrennten zu ähnlichen Zusammenkünften, und von der Mitte des Glaubens her ergaben sich überall Veränderungen im Verhältnis zueinander.

Aber noch war die Einheit nicht voll verwirklicht. Noch waren die Anathematismen da, mit denen die Kirchen gegenseitig Aussagen ihrer Lehre und Bestimmungen ihrer Ordnung verworfen hatten. Sie durften nicht weiter bestehen bleiben, wenn die Einheit nicht bloß ein Gefühl und letztlich doch unverbindliches Erleben bleiben sollte. Die Einheit der Christen mußte Fühlen, Denken und Handeln durchdringen. Die neuen Erfahrungen mußten der Wahrheitsfrage standhalten. Es mußte geklärt werden, welche unterschiedlichen Glaubensaussagen als Bezeugung derselben Wahrheit anzuerkennen waren. Es mußte entschieden werden, unter welchen Bedingungen die Einladung zur Eucharistie ausgesprochen und angenommen werden durfte. Entsprechende Aufgaben bestanden für die gegenseitige Anerkennung der Ämter. Aber all dies erschien nach dem Pfingstfest nicht mehr unlösbar. Es war eine Blockierung gefallen, die die früheren Bemühungen gehemmt hatte. Die richtige Rangordnung der einzelnen Probleme war nun sichtbar geworden. Die Aufgabe der Theologen und Juristen bestand nun nicht mehr darin, die Lösung herbeizuführen, sondern sie brauchten nur die geschenkte Lösung zu formulieren.

Mit dem Voranschreiten dieser Arbeit stellte sich aufs neue die Frage nach der obersten Leitung der geeinten Kirche. Es mehrten sich die Stimmen der Kirchen, die den Papst baten, diese Leitung zu übernehmen. Aber wiederum lehnte er ab. Er wolle keine Aufgabe übernehmen, die als Herrschaft über die anderen Kirchen mißverstanden werden könnte. Er verstehe sein Petrusamt als den Auftrag des Herrn, die Brüder zu stärken und zu ermutigen, nicht aber über sie zu herrschen. Er wolle sein Amt nur als Dienst innerhalb der Gemeinschaft der anderen Oberhirten ausüben und stehe hierfür solange zur Verfügung, wie Gott ihm die Kraft gebe. Im übrigen meine er, daß die Entscheidung über die Gestalt der universalen Leitung der geeinten Christenheit nicht eile. Auch die alte Kirche habe lange Zeit ohne eine zentrale Regierungsgewalt gelebt und sogar schwerste Verfolgungszeiten überstanden. Gerade mit diesem Verzicht wurde der Papst zu der Autorität, von der auf das Ganze der Christenheit die stärksten Auswirkungen ausgingen.

Als er hochbetagt starb, war die Gemeinschaft der Kirchen gefestigt. Ihre Einheit blieb, auch als Mächte die Weltherrschaft errangen, die sich selbst als Erfüllung aller Sehnsucht nach Gerechtigkeit und Frieden proklamierten und die Botschaft von der Gottesherrschaft unterdrückten. Als so „die große Trübsal" über die Menschheit hereinbrach, die in der Heiligen Schrift als Vorzeichen der Wiederkunft Christi angekündigt ist, verstummte die Kirche nicht. In Einmütigkeit des Glaubens verkündigte sie den Vermessenen das Gericht und den Verzweifelten das Heil, und in den Verfolgungen und Leiden ihrer Glieder offenbarte sich die Kraft dessen, der durch seinen Tod am Kreuz den Sieg errungen hat.

Nachwort

Diese Erzählung handelt weder von einem Papst der Vergangenheit noch von dem gegenwärtigen Papst. Trotzdem beansprucht sie, eine wahre Geschichte zu sein. Aber ihre Wahrheit ist keine historische Wahrheit, sondern die Wahrheit einer Idee, die in die Geschichte hineinwirkt und nach geschichtlicher Verwirklichung drängt. Diese Idee ist keine Erfindung des Verfassers. Schon seit vielen Jahrhunderten beschäftigt sie das abendländische Denken. So erwähnte der englische Franziskaner Roger Bacon in seinem 1267 geschriebenen „Opus tertium" die bereits seit längerem bekannte Verheißung eines kommenden Papstes, der die Kirche reinigen und einigen wird: „Um der Güte, Wahrheit und Gerechtigkeit willen wird es geschehen, daß die Griechen zum Gehorsam der römischen Kirche zurückkehren und die Tartaren in ihrer Mehrzahl zum Glauben bekehrt werden ... und es wird ein Hirte und eine Herde sein." Diese Idee des „Papa angelicus", des „engelgleichen Papstes", hat seitdem die Papstgeschichte begleitet. Immer wieder hoffte man auf ihn, inmitten der Kämpfe zwischen Papst und Kaiser, inmitten der Wirren der gleichzeitigen Herrschaft mehrerer sich gegenseitig bekämpfender Päpste und danach auch angesichts der sittlichen Entartung des Papsttums in der Renaissancezeit. Wenn ein neuer Papst gewählt worden war, schaute man auf ihn mit der stillen Frage, ob er wohl die Erfüllung jener Verheißung sei. Die Idee des „Papa angelicus" wirkte dann weiter nach der Kirchenspaltung des sechzehnten Jahrhunderts. Sie hat im Verlauf der Geschichte im einzelnen verschiedene Gestalt angenommen, je nach den Nöten und Mißständen, die man als besonders bedrückend empfand und deren Beseitigung man am meisten ersehnte. Aber in ihrem Wesen blieb sie dieselbe, nämlich die Idee eines Nachfolgers Petri, durch dessen Dienst die eigentliche Bestimmung der Kirche erfüllt und die Sehnsucht der Menschheit gestillt würde.

Zwar ist die Erwartung des „Papa angelicus" heute ganz in den Hintergrund getreten, und selbst zahlreiche Katholiken erwarten die Lösung der bedrängenden Menschheitsprobleme unserer Zeit nicht mehr vom Papst. Auch viele andere Christen erhoffen eine Erneuerung eher von einem quer durch alle Kirchen hindurchgehenden gemeinsamen Aufbruch der Laien als von den Anordnungen kirchenleitender Ämter. Aber wie dem auch sei, in jener mittelalterlichen Erwartung sind Elemente enthalten, die über die Zeit ihrer Entstehung und auch über den Raum des Katholizismus hinaus weisen und von allgemein christlicher und allgemein menschlicher Bedeutung sind. Die Fragen, die von der Idee des „engelgleichen Papstes" an die römisch-katholische Kirche gerichtet sind, ergehen in analoger Weise auch an die anderen Kirchen. Darüber hinaus aber geht es in dieser Erwartung um die Versöhnung aller Menschen.

So handelt die hier erzählte Geschichte nicht nur von einer Vision, die ein Papst hatte, sondern sie ist zugleich die Vision der Erfüllung jener alten Erwartung unter den Bedingungen der heutigen Zeit. Eine Vision ist kein Programm, sondern ein Impuls. Sie setzt in Bewegung. So will diese Erzählung zugleich eine Warnung davor sein, daß die Kirchen sich wieder gegeneinander verhärten und das verfehlen, was ihnen inmitten der ständig zunehmenden Krise der Menschheit aufgetragen ist.

Edmund Schlink in Rom

von Horst Schlitter

Weil Römer Ereignisse und Vorgänge nur dann wirklich ernst nehmen, wenn diese mindestens auf tausendjähriger Tradition fußen, gelingt es ihnen jederzeit, ihre eigene Stadt und ihre eigenen Angelegenheiten wichtiger zu nehmen als alles andere auf der Welt. Gerade wegen dieser eigenwilligen Haltung war es erstaunlich und unerwartet, daß auch die Menschen am Tiber vom religiösen Erneuerungstaumel der frühen sechziger Jahre ergriffen wurden. Dem Römer Eugenio Pacelli, der sich Pius XII. nannte, war auf dem Papstthron der Bergamaske Angelo Guiseppe Roncalli gefolgt, Johannes XXIII., der die Kirche innerhalb von wenigen Jahren kräftig in Bewegung brachte.

Die erregende Atmosphäre jener Zeit ist heute kaum noch vorstellbar: Johannes XXIII. hatte weniger als drei Monate nach seiner Wahl zum Papst das Zweite Vatikanische Konzil einberufen mit dem Ziel, seiner Kirche einen angemessenen Platz in der modernen Welt zu geben. Eingehend befaßten sich die Konzilsväter aus allen fünf Erdteilen mit der Liturgie, mit Roms Verhältnis zu den anderen christlichen Kirchen, zu den Nichtchristen und mit der Religionsfreiheit. Die lateinische Sprache verlor ihre beherrschende Stellung unter dem Kirchendach zugunsten der Volkssprachen. Hoffnungen wurden wach, die jahrhundertealte Trennung der Christen könne in einer gemeinsamen Anstrengung überwunden werden. Doch im Gegensatz zu vielen Bischöfen fürchteten die konservativen Kräfte in der Kurie und anderswo um die in Dogmen festgelegten römischen Glaubenswahrheiten und rüsteten zu heftigem Widerstand gegen eine Modernisierung.

Nicht einem Aufstand junger Hitzköpfe in der Kirche galt also die Aufregung, vielmehr hatte der schon achtzigjährige Roncalli-Papst den gleichaltrigen deutschen Jesuiten Augustin Bea an die Spitze des Einheitssekretariats gesetzt, um eine Annäherung der voneinander getrennten Christen Wirklichkeit werden zu lassen. Aufgeschlossene katholische Theologen wie Karl Rahner, Hans Küng und, in jener Zeit, auch Joseph Ratzinger – heute als Präfekt der päpstlichen Kongregation für die Glaubensdoktrin eher Bremser seiner Kirche – widmeten ihr ganzes Wissen und Können dem von Johannes XXIII. gewünschten „aggiornamento" (der Erneuerung) des geistlichen Lebens. Schon die Vorbereitungen zum Zweiten Vatikanischen Konzil fanden weit über die katholische Welt hinaus gespannte Aufmerksamkeit, besonders deshalb, weil alle christlichen Kirchen eingeladen worden waren, Beobachter zu dieser bedeutenden Kirchenversammlung nach Rom zu entsenden.

In jener Phase erhielt der Heidelberger Theologieprofessor Edmund Schlink, der aus Darmstadt stammte, den Auftrag, die Evangelische Kirche in Deutschland (EKD) beim Konzil zu vertreten. „Nach der Unfehlbarkeitserklärung des Papstes auf dem Ersten Vaticanum", reflektierte Schlink, gleich nachdem er seine neue Aufgabe übernommen hatte, „schien es so, als ob dadurch für die Zukunft Konzilien überflüssig geworden wären." Stattdessen erlebte der Wissenschaftler, wie der Pontifex selbst die Stellung der Bischöfe stärkte und die katholischen Kirchenvertreter aus aller Welt auch zu kontroversen Meinungsäußerungen ermutigte. In der ersten Konzilssession bedauerte Edmund Schlink zwar, daß viele der den Evangelischen wichtigen Themen wie die Mischehe, Religionsfreiheit und Missionspraxis zunächst unerwähnt geblieben waren. Doch er begrüßte „überraschende Offenheit" und „starke ökumenische Impulse".

Schon bald erfuhren die orthodoxen Gäste und die Vertreter der Reformationskirchen, daß sie im Kurienkardinal Augustin Bea einen offenen Gesprächspartner gefunden hatten. Dem deutschen Jesuiten war laut Schlink der Ruf vorausgegangen, ein „sehr alter, konservativer Theologe" zu sein. Der Heidelberger Professor erinnert sich: „In der Anfangszeit meiner römischen Tätigkeit bin ich nicht selten von solchen, die den Kardinal aus seinem früheren Wirken kannten, ein wenig verwundert und mit einem leisen Unterton der Sorge gefragt worden, wie denn das ökumenische Gespräch mit ihm verlaufe." Die Antwort des Professors: „Die Persönlichkeit, die ich kennenlernte und der ich jahrelang immer wieder als der von der Evangelischen Kirche in Deutschland delegierte Konzilsbeobachter begegnet bin, war in erstaunlichem Maße eine andere, als mir geschildert worden war."

Zum Befremden vieler katholischer Reformgegner ließ Kardinal Bea von der These ab, die Einheit der Christen sei nur durch die „Rückkehr der getrennten Brüder" zur römischen Mutterkirche erreichbar. Vielmehr

155

verwandte er gern den Begriff einer „Einheit in versöhnter Verschieden-
heit". Der traditionsverhaftete Kurienkardinal Alfredo Ottaviani hinge-
gen, der sich vor Freunden gern als „Carabiniere des Lieben Gottes" be-
zeichnete, meldete starken Widerspruch an: „Einige Dinge, die Bea gesagt
hat, sind sehr gefährlich", warnte er und zeichnete ein Schreckensbild ei-
gener Art: Die Protestanten, so meinte er, gäben sich der Illusion hin, sie
könnten der ewigen Verdammnis entkommen, ohne erst katholisch zu wer-
den. Auch außerhalb der Kurie regte sich Widerstand. Der faschistische
Verlag Editrice Borghese fühlte sich sogar stark genug, den Papst selbst an-
zugreifen, weil er mit dem Aufbau der ökumenischen Organe „die Infil-
tration nichtkatholischer Kräfte in die katholische Kirche" riskiert habe.

Doch die Mehrheit der Konzilsväter zeigte gegenüber der Ökumene ei-
ne vorsichtige Aufgeschlossenheit. Der heute im Ruhestand lebende nie-
derländische Kardinal Johannes Willebrands, damals Sekretär und in den
darauf folgenden Jahren als Beas Nachfolger Präsident des Einheitssekre-
tariats, denkt daran zurück, daß er in der letzten Konzilssession über das
Thema der Religionsfreiheit eine Abstimmung erzwang, um die viel zu
hoch geschätzte Zahl der Reformgegner vor aller Welt offenzulegen. Es war
keineswegs ein Drittel, wie damals allgemein angenommen worden war:
Nur knapp 200 Kardinäle und Bischöfe von 2500 Teilnehmern zeigten
sich taub gegenüber dem Ruf der Reformwilligen nach der einen welt-
umfassenden christlichen Kirche. „Die Hoffnung nach der Einheit war
damals groß", sagt Willebrands, „doch waren nicht alle Konzilsväter für
die Öffnung zu gewinnen. Schließlich gehörten auch der französische Tra-
ditionalist Marcel Lefebvre und einige seiner Gesinnungsgenossen zu den
Teilnehmern des Konzils. "

Nun hatten Beobachter der nichtkatholischen Kirchen wie Edmund
Schlink nicht das Recht, sich in der zur Konzilsaula umfunktionierten
Peterskirche zu Wort zu melden. Doch die vatikanischen Behörden gaben
ihnen alle im Plenum besprochenen Basispapiere in die Hand und dazu
noch die Texte der in den vier Sessionen gehörten Diskussionsbeiträge. In-
offiziell konnten die Gäste allerdings auch schon in der Basilika ihre Mei-
nung sagen. Gelegenheit dazu hatten sie an zwei Erfrischungsständen, die
von den Konzilsteilnehmern scherzhaft „Bar Jona" und „Bar Rabas"
genannt wurden. Hier flogen die Argumente frei hin und her, oftmals noch

belebt von der Stimmung in der nur wenige Minuten zuvor beendeten Plenarsitzung. Augen- und Ohrenzeugen erinnern sich, daß Schlink gern die Gelegenheit nutzte, sich mit einem Cappuccino in der Hand über aktuelle Themen zu äußern. Später, als auch Laien als „auditores" (Zuhörer) zugelassen worden waren, richtete der Vatikan für die wenigen Frauen unter den geladenen Gästen eine getrennte Bar ein. Um sie nicht der Verlegenheit auszusetzen, mit den männlichen Teilnehmern Tuchfühlung nehmen zu müssen, standen für sie in beklemmender Nachbarschaft zu einem Papstgrab Getränke und Frühstücksbrötchen bereit.

Zum Glück mußten die evangelischen und orthodoxen Beobachter ihren Redefluß nicht auf die beiden Kaffee-Bars beschränken. Während der Sessionen zwischen Oktober 1962 und Dezember 1965 lud das Einheitssekretariat alle Gäste einmal pro Woche in die Begegnungsstätte „Foyer Unitas" im historischen Zentrum von Rom ein, wo die niederländischen „Damen von Bethanien", eine Gruppe junger Laienhelferinnen, für eine gastliche Atmosphäre sorgten. Während sich vor den Fenstern des über 300jährigen Palazzo, erbaut im Auftrag des Pamphilj-Papstes Innozenz X., römische Bürger, Pilger und Touristen um Berninis Vier-Ströme-Brunnen auf der Piazza Navona drängten, erlebte das Konzil im prunkvoll ausgemalten Saal auf der ersten Etage ein intellektuell hochstehendes Intermezzo. Heute unterhalten amerikanische Franziskaner hier eine in aller Welt angesehene ökumenische Bibliothek mit mehr als 11 000 Bänden. An den Diskussionen in der römischen Altstadt nahm Schlink regelmäßig teil; manchmal hielt er auch selbst Vorträge, um seine Thesen und die Ansichten seiner Kirche ausführlicher darzulegen. Nicht selten geschah es, daß ein aufgeschlossener Konzilsteilnehmer sich die Anregungen nichtkatholischer Beobachter zu eigen machte und später in der Peterskirche offiziell zur Abstimmung stellte.

Edmund Schlink ist vielen Menschen, die ihm in jener Zeit begegneten, als freundlicher, aufrechter Wissenschaftler in Erinnerung geblieben. Die Kaiserswerther Diakonissen, die bis in die achtziger Jahre im Stadtteil Prati eine Fremdenpension unterhielten, erlebten, wie der Gast aus Heidelberg unter ihrem Dach häufig Besucher aus dem Vatikan, aber auch andere Theologen aus aller Welt zu engagiertem Gespräch einlud. Ein erfahrener deutscher Journalist und sorgfältiger Konzilsberichterstatter erinnert sich noch heute: „Schlinks Urteil war zwar freundlich, doch ebenso eindeutig wie ausgewogen. Wenn er mit der Aussage eines Gesprächspartners nicht einverstanden war, gab er nicht klein bei, sondern erläuterte ihm mit beharrlichem Ernst seine sorgfältig begründete Position. "

Kein Wunder, daß der deutsche Professor im Laufe der Jahre am Rande der römischen Kirchentagung hohes Ansehen genoß. Während der zweiten Session im Herbst 1963 sorgte einer seiner Vorträge vor der deutschsprachigen Presse für einen Donnerschlag, der noch in der Peterskirche widerhallte. In der Kritik an einem geplanten Dokument bemängelte er, die Kirche Gottes werde in exklusiver Weise gleichgesetzt mit der römischen Kirche. Man mißdeute die Sehnsucht der Christen nach Einheit als ein Verlangen, der vom Papst geleiteten katholischen Kirche beizutreten. Aus dieser Einstellung ergebe sich „mit logischer Unausweichlichkeit" die Konsequenz, auf Christen der orthodoxen und der Reformationskirchen einzuwirken, „daß sie ihre Glaubensgemeinschaft verlassen und sich der römischen Kirche anschließen".

Schlink warnte seine Gesprächspartner davor, jenen Konzilskritikern Wasser auf die Mühle zu lenken, die von einer „Fortsetzung der Gegenreformation mit anderen, entgegenkommenden Methoden" sprachen. Anfangs waren selbst progressive Kräfte innerhalb der Peterskirche über die Kritik des lutherischen Konzilsvertreters verstimmt; doch auf die Dauer nutzte Schlinks schonungslose Offenheit der Sache der Ökumene mehr, als es scheue Zurückhaltung getan hätte.

In dem hier zitierten kritischen Diskussionsbeitrag Edmund Schlinks zum Höhepunkt des Konzils war wie in seiner kurz darauf geschriebenen Erzählung „Die Vision des Papstes" unübersehbar beides enthalten: die Hoffnung auf die Verwirklichung der geistig längst existierenden einen Kirche Jesu Christi und die Furcht, taktisch engherzige Kirchenfunktionäre könnten die Oberhand gewinnen über das Streben aufgeschlossener Christen in aller Welt nach Einheit. Damals war die Reaktion der Theologen über die unter Pseudonym veröffentlichte Erzählung gespalten. Naivität und Leichtgläubigkeit in seinen Erwartungen warfen die einen dem Autor vor, während die anderen ihm ökumenischen Weitblick bescheinigten.

Die damals nur in Ausnahmefällen gut informierten Vertreter der Medien, denen der Vatikan heute einen technisch gut organisierten Pressesaal *sowie regelmäßige Informationen und Dokumentationen zur Verfügung stellt, waren während des Zweiten Vatikanischen Konzils von der offenen Sprache der zu Gast weilenden Theologen stark beeindruckt. Bisher hatte die Berichterstattung der italienischen „vaticanisti" über Kirche und Papst meist nur aus Spekulationen und Mutmaßungen bestanden. Nur jene Journalisten erhielten Zugang zu einem begrenzten Teil von Fakten, die auf das Vertrauen eines Kurienbeamten bauen konnten. Dabei ergab es sich aber, daß den Korrespondenten nicht selten gezielte Indiskretionen in die Hände gespielt wurden, mit deren Hilfe die eine oder andere Fraktion des Vatikans ihren eigenen kirchenpolitischen Zielen zu dienen trachtete.*

Wie wir heute wissen, konnte der Feldzug der Reformwilligen für die Einheit aller christlichen Kirchen nicht zu Ende geführt werden. Doch während die Konfessionen vor dem Konzil dazu neigten, die Schuld für die Trennung jeweils den anderen anzulasten, hatten sich in den Jahren der großen Kirchenversammlung Gleichgesinnte zusammengefunden, die nur das Ziel der Einheit vor Augen hatten und von der bisher geübten Taktik abließen. Als der Kurienkardinal Augustin Bea kaum drei Jahre nach Abschluß des Zweiten Vatikanischen Konzils starb, erinnerte sich Schlink an seinen väterlichen Freund: „In den mancherlei Rückschlägen, die er in dem oft dramatischen Ablauf des Konzils erlebte, hat er nie verzagt, sondern beharrlich das ökumenische Ziel im Auge behalten und schließlich durch liebenswürdige und bewegliche Beständigkeit die Ziele erreicht, die bisher für unerreichbar gegolten hatten."

Gleich nach Papst Johannes XXIII. sah Edmund Schlink in Augustin Bea die eindrucksvollste Persönlichkeit des Konzils, deshalb stand sein Urteil fest: „Der Tod von Kardinal Bea ist ein Verlust nicht nur für die römisch-katholische Kirche, sondern für die ganze Christenheit. Um ihn werden alle Menschen guten Willens vor allem deshalb trauern, weil er ein Mensch guten Willens und von tiefer Menschlichkeit war. Nach dem Urteil des protestantischen Theologen Schlink war die Begegnung mit Johannes XXIII. das entscheidende Ereignis in Beas Leben. „Sein Programm des ,aggiornamento'", so Schlink in einer posthumen Würdigung, „hat er aufgenommen, ökumenisch durchdacht und vertieft, und hierfür hat er sein weiteres Leben ganz und gar eingesetzt."

An anderer Stelle lautete sein Urteil über den unermüdlichen Vorkämpfer für die Ökumene: „Er handelte nicht nur als Kirchenfürst und Theologe, sondern als ein schlichter Christenmensch, der immer für andere da war, der keinem Gespräch mit den anderen aus dem Wege ging, wo auch immer sie ihn aufsuchten, und der ihnen in diesen Gesprächen als einer begegnete, der selber ein Fragender und Hoffender war. Als diese demütige, väterliche und brüderliche Gestalt hat er alle Wälle der Fremdheit und des Mißtrauens zwischen den Kirchen durchbrochen und die ökumenische Neuorientierung der römischen Kirche den anderen glaubwürdig gemacht."

So freundlich Edmund Schlinks Urteil über die reformfreudigen Kräfte in Rom auch lautete, so enttäuscht äußerte er sich über die nur bruchstückhaften Ergebnisse des Konzils. Nach seiner Überzeugung hätte die Einsicht in die Mannigfaltigkeit der Dogmengeschichte, der kirchlichen Ordnungen, der kirchlichen Lehren und der Liturgien, der Taufordnungen und der kirchlichen Ämter es den Kirchen leichter machen müssen, die erstrebte Gemeinschaft zu verwirklichen. „Es kann nicht etwas im Dogma oder in der Lehre als historische Tatsache behauptet werden", formulierte Schlink entschlossen, „was sich historisch nicht halten läßt."

Vieles, was der Heidelberger Professor vor nun mehr als dreißig Jahren an Rückschritten befürchtete, ist inzwischen eingetreten, weil Sachfragen, die damals hätten geklärt werden können, mit Rücksicht auf den Kurienapparat nicht geklärt worden sind. Schlink vermißt in seinen Betrachtungen über das Konzil und dessen Kirchendokument den historischen Tatbestand der Mannigfaltigkeit. Schon im urchristlichen Miteinander judenchristlicher, jüdisch-hellenistischer und hellenistischer Gemeinden sei doch die Vielfalt Teil des geistlichen Lebens gewesen.

Kritisch fügt er an, das Verhältnis von Papst, Bischöfen, Priestern und Laien zueinander sowie die heutige Gestalt der römischen Kirche seien zur Zeit des Konzils nicht mit dem Zustand der Urkirche konfrontiert worden. Es wurde nicht die frühe Christenheit zum Maßstab des Selbstverständnisses genommen, sondern die im Laufe der Geschichte festgelegte, gegenwärtige, dogmatisch und kanonistisch bestimmte katholische Wirklichkeit.

Für die Zeit nach dem Konzil erwartete Edmund Schlink zunächst eine "retardierende Phase", weil die konservativen Kräfte in der römischen Kurie, so vermutete er, nach dem Auseinandergehen des Konzils wieder stärkere Einflußmöglichkeiten nutzen würden. Dennoch überwog weiterhin der Optimismus in seiner Beurteilung der ökumenischen Diskussion: "Freilich dürfte es ausgeschlossen sein, daß die im Konzil aufgebrochene Dynamik auf die Dauer gehemmt wird, zumal da die theologische Jugend von ihr weithin ergriffen ist. Selbst wenn zunächst ein Stillstand eintreten sollte, dürfte er nur ein Übergang sein. In der Tat sind Türen geöffnet, die nicht mehr geschlossen werden können. Eine Wiederherstellung des vorkonziliaren Zustandes ist unvorstellbar."

Wie der Heidelberger Theologe hat kaum ein anderer das ökumenische Gespräch gepflegt, längst vor dem Konzil, während des Konzils und in der Zeit danach. Seine zum Dialog offene Einstellung fand auch von katholischer Seite immer wieder hohes Lob und Anerkennung. "Prüfen wir zunächst uns selbst", hatte Edmund Schlink die christlichen Partner aufgefordert, "und danach erst die von uns getrennten Teile der Christenheit. Prüfen wir uns selbst in der Bereitschaft zur Buße und die anderen in der Hoffnung auf die Entdeckung der dort wirkenden Gnade." Die Aufforderung zur Einigung könne nur dem Christuswort folgen: "Werde du so, wie ich bin." Der heute 87jährige Kardinal Johannes Willebrands ist davon überzeugt, daß die unermüdliche Arbeit des deutschen Theologen für die Einheit der Christen auch in unseren Tagen weiterwirkt, und fügt im Hinblick auf die hier präsentierte Publikation an: "Es freut mich, daß mein Freund Edmund Schlink wieder zu neuen Ehren kommt."

Bilddokumentation

Schlink vor dem Petersdom in Rom

Foto: dpa

Kardinal Bea mit dem Ehepaar Schlink vor dem Gästehaus der Waldenser Kirche, dem früheren Haus der Kaiserswerther Diakonissen, wo Schlink während seines Konzilsaufenthaltes wohnte. Foto: privat

Stellungnahme Schlinks während einer Pressekonferenz   Foto: Herder

Schlink und Dr. Lukas Vischer vom Weltkirchenrat in Genf (rechts) passieren die Schweizergarde auf dem Weg zur Plenarsitzung.   Foto: Moosbrugger

Einzug der Bischöfe zum Zweiten Vatikanischen Konzil   Foto: Giordani

Plenarsitzung der Konzilsväter im Petersdom   Foto: Giordani

Empfang der Konzilsbeobachter der anderen christlichen Kirchen durch Papst Johannes XXIII

hend Kardinal Bea   Foto: Giordani

Die Konzilsbeobachter werden von Kardinal Bea dem Papst vorgestellt.   Foto: Archiv

Portrait Schlinks   Foto: privat

Portrait Schlinks   Foto: privat

Schlink im Gespräch mit dem Vertreter der orthodoxen Kirchen.   Foto: privat

Schlink und Kardinal Döpfner im Gespräch   Foto: privat

Schlink und Kardinal Döpfner bei einer Pressekonferenz   Foto: privat

Im Gespräch mit Johannes Paul II. während dessen Besuch 1980 in Mainz. Edmund Schlink (rechts), Bischof Kunst (Mitte)   Foto: Felici

Namen- und Begrifferklärungen

Arianer
Anhänger des Presbyters Arius (3. Jahrhundert), der in seiner Lehre die volle Gottheit Christi bestreitet

Augustin
(345–430) Bedeutender Kirchenvater, auf dessen Schriften sich auch die Reformatoren berufen.

Antimodernismus
Ablehnung moderner wissenschaftlicher, auch theologischer Erkenntnisse, die der katholischen Tradition widersprechen

Anathema
Feierlicher Kirchenausschluß, Verfluchung

Codex Juris Canonici (CIC)
Gesetzbuch der Römisch-Katholischen Kirche

Enzyklika
Lehrhaftes päpstliches Weltrundschreiben

Glaubenskongregation
Sie hat kirchliche Glaubens- und Sittenlehre zu schützen und zu fördern.

Gnostiker
Anhänger einer im 2. Jahrhundert entstandenen Lehre (Gnosis = Erkenntnis), in der zwischen dem wesenhaft guten, höchsten Gott und dem unvollkommenen Weltschöpfer, dem Gott des Alten Testamentes, unterschieden wird

Hohepriesterliches Gebet
Johannes 17, ff.

Häretiker
Menschen, die von der offiziellen Lehre der Kirche abweichen
(Häresie = Ketzerei)

Improperien
Heilandsklagen in der Karfreitagsliturgie

Konsistorium
Versammlung aller Kardinäle unter Vorsitz des Papstes

Kopten
Angehörige der afrikanischen Nationalkirche in Ägypten und Äthiopien. Die koptische Kirche hat eine eigne Struktur und Tradition.

Ökumenischer Rat der Kirchen oder Weltrat der Kirchen
Er hat seinen Sitz in Genf und ist die weltweite Gemeinschaft von über 300 Mitgliedskirchen mit Ausnahme der römisch-katholischen.

Schismatiker
Menschen, die sich von der Lehre der (katholischen) Kirche getrennt haben

Vatikanische Konzilien
Das erste VK tagte unter Pius IX. 1869–1970 in Rom und beschloß die Erklärung von der Unfehlbarkeit aller päpstlichen Lehrentscheidungen. Das zweite VK fand von 1962–1965 ebenfalls in Rom unter Papst Johannes XXIII. statt und brachte die Öffnung der römisch-katholischen Kirche zum Ökumenismus.

Die Autoren

Edmund Schlink, geboren 1903 in Darmstadt. Nach von den Nationalsozialisten verbotener Lehrtätigkeit in Gießen Dozentur an der Theologischen Hochschule in Bethel bis zu deren Schließung, danach Pfarramt in Bielefeld. 1946 Übernahme des Lehrstuhls für Systematische Theologie an der Universität Heidelberg und Gründung eines ökumenischen Instituts. 1948 Delegierter an der 1. Vollversammlung des Ökumenischen Rates der Kirchen in Amsterdam. 1950 Initiator und 1. Vorsitzender des Deutschen ökumenischen Studienausschusses. Mitarbeit in zahlreichen ökumenischen Gremien, insbesondere im Gespräch mit den orthodoxen Kirchen. Offizieller Beobachter der EKD beim Zweiten Vatikanischen Konzil 1962–1965. Emeritierung 1971; gestorben 1984

Wichtigste Werke:
Der Mensch in der Verkündigung der Kirche (1936)
Theologie der lutherischen Bekenntnisschriften (1940)
Der kommende Christus und die kirchlichen Traditionen (1961)
Nach dem Konzil (1966)
Die Lehre von der Taufe (1969)
Ökumenische Dogmatik (1983)

Prof. Dr. Klaus Engelhardt, Jahrgang 1932, ist seit 1980 Landesbischof der Evangelischen Landeskirche in Baden und seit 1991 Vorsitzender des Rates der Evangelischen Kirche in Deutschland (EKD).

Dr. Franz Kardinal König, Jahrgang 1905, war von 1956–1985 Erzbischof von Wien.

Horst Schlitter, Jahrgang 1928, war Korrespondent der Frankfurter Rundschau und anderer westdeutscher Tageszeitungen in Rom.

EDITION ZEITZEUGEN

Ebenfalls in dieser Reihe erschienen:

Hermann Maas – Leben für Versöhnung

Er war der erste Deutsche, der nach dem zweiten Weltkrieg von der israelischen Regierung eingeladen wurde. Der Heidelberger Pfarrer Hermann Maas hatte nach dem Holocaust der Nationalsozialisten an den Juden schon im Juni 1946 das getan, was vielen lange schwerfiel oder gar bis heute große Mühe macht: Er gab ein Bekenntnis der Mitverantwortung ab. „Wie furchtbar groß ist die Last der Schuld, die auf dem nichtjüdischen deutschen Volke liegt und damit auf jedem einzelnen, auch auf mir. Wir sind mitschuldig...", schrieb der damalige Kreisdekan der Neckarstadt an den Frankfurter Rabbiner Neuhaus. Der Brief wurde in der ersten Ausgabe der „Jüdischen Rundschau" abgedruckt und schlug seinerzeit in Heidelberg hohe Wellen. Es herrschte „namentlich in studentischen Kreisen große Erregung über diese Äußerung eines bekannten und angesehenen Vertreters der evangelischen Kirche", gab der Oberkirchenrat die Stimmung in der Stadt an den Landesbischof in Karlsruhe weiter.

Hermann Maas blieb sich mit diesem Schuldeingeständnis nur treu. Denn vorzuwerfen hatte er sich eigentlich nichts. Die Kreispropagandaleitung versuchte schon von 1933 an, den Pfarrer der Heidelberger Altstadtgemeinde Heiliggeist in seiner Amtsausübung zu behindern. Als „stadtbekannten Judenfreund" und „den Judenpfarrer" verfolgten ihn die Nazis, entzogen ihm im März 1942 die Erlaubnis, Religionsunterricht zu erteilen und setzten zum 1. Juli 1943 seine Versetzung in den Ruhestand durch. Die Nazis brachen Maas' inneren Widerstand nicht einmal, als sie den 67jährigen noch 1944 zur Zwangsarbeit nach Frankreich deportierten. „Ich habe auch das ausgehalten, weil ich das nahe Ende sah und beglückt durch die Kameradschaft der Mitbestraften", erinnerte sich Maas acht Jahre später.

Warum aber verfolgten die Nazis Hermann Maas derart beharrlich? 1903 – der 26jährige hatte gerade seine erste Pfarrstelle in der Schwarzwälder Winzergemeinde Laufen angetreten – traf Maas bei einem Besuch in Basel auf eine Gruppe von Juden, die am 6. Zionistenkongreß teilnahmen. Er schloß sich ihnen an, bekam eine Gastzulassung, lernte Männer wie Chaim Weizmann und Martin Buber kennen und verfolgte staunend deren lebhafte Diskussionen und leidenschaftliche Auseinander-

setzungen. „Da war ich von einer göttlichen Erleuchtung durchdrungen, und mein Leben nahm eine neue Wendung." Der junge Geistliche wurde Zionist.

Hermann Maas war genau das, was ihm die Nationalsozialisten vorwarfen: ein Freund der Juden. Und er war ein politischer Mensch. Im „Weltbund für internationale Freundschaftsarbeit der Kirchen" arbeitete Maas seit dessen Gründung im Jahr 1914 mit. Der „Kirchlich-liberalen Vereinigung" trat er im selben Jahr bei. 1918 wurde er Mitglied der Deutschen Demokratischen Partei. Ein Jahr später schloß sich der Theologe der Freimaurerloge „Zur Wahrheit und Treue" an. Durch sein Mitwirken an der Beerdigung des ersten Reichspräsidenten der Weimarer Republik, Friedrich Ebert, handelte sich Maas 1925 heftige Kritik seiner eigenen Kirche ein. Der in Heidelberg geborene Sozialdemokrat war Jahre zuvor aus der katholischen Kirche ausgetreten.

1932 nahm Maas die Arbeit im Verein zur Abwehr des Antisemitismus auf, der Beitritt zum Pfarrernotbund und zur Badischen Bekenntnisgemeinschaft folgte ein Jahr später. Seine politische Kirchenarbeit machte ihn zu einem über die Grenzen des Deutschen Reiches hinaus bekannten und geschätzten Mann. Besonders sein Auftreten im Weltbund förderte Kontakte nach England und Dänemark. Diese gewachsenen Beziehungen boten Maas den Schutz der ausländischen Öffentlichkeit, unter dem er im Deutschland der Nazidiktatur lange Zeit für Verfolgte, meist Juden, eintreten konnte. Die Gestapo verhörte ihn zwar regelmäßig, wagte es aber nicht, ihn in ein Konzentrationslager zu stecken. Seine Auslandsbesuche nutzte Maas, um die Bildung eines Komitees zur Beratung und Einrichtung von Kollektivsiedlungen im Ausland für die Verfolgten voranzutreiben. Er arrangierte noch 1939 in London „Einreisepapiere für Hausgehilfinnen", mit denen jüdische Mädchen aus Deutschland heraus gebracht wurden. Sein Engagement beurteilte Maas später als gefährlich: „Ich riskierte damals viel."

Doch auch in der Heimat blieb der Pfarrer aktiv. Gemeinsam mit dem Berliner Kollegen Heinrich Grüber organisierte Hermann Maas ein Rettungswerk für Menschen, die auswandern mußten. Die „Büros Pfarrer Grüber" versuchten, die Betroffenen zu beraten und ihnen die Wege außer Landes zu ebnen. Maas leitete die Heidelberger Vertrauensstelle des Büros. Im Mai 1939 gab es 21 dieser Stellen im ganzen Reich.

Einigen hundert Menschen konnte Hermann Maas helfen, sie unterstützen oder gar retten. Nach dem Ende des nationalsozialistischen Terrors kehrte er bald auf die Kanzel zurück und führte sein Werk der Versöhnung mit dem jüdischen Volk fort. Auszeichnungen und Ehrungen folgten. Als „wunderbare Erfüllung" seines Lebens empfand Maas aber 1949 die Einladung nach Israel.

Dort steht heute im Wingate Forest des Gilboah-Gebirges ein mächtiger Wald, der seinen Namen trägt. 1953 hatten israelische Freunde den Hain ihm zu Ehren gepflanzt. Hermann Maas starb am 27. September 1970, 93jährig, in Mainz. Zum ersten Jahrestag seines Todes sagte der badische Landesrabbiner Nathan Peter Levinson: „Prälat Maas war nicht nur seiner Familie geschenkt, uns allen war er geschenkt."

Hermann Maas – Leben für Versöhnung
Hrsg.: W. Keller, A. Lohrbächer, E. Marggraf,
C.Pepperl, J.Thierfelder, K.Weber
Bearb.: M. Riemenschneider
ISBN 3-87297-129-8
170 Seiten, Broschur, geprägt, 40 Abbildungen
DM 24,80 / öS 184,- / Sfr 23,-

**Erhältlich über den Buchhandel
oder bei:**
Stuttgarter Verlagskontor
Herrn Kai Holtz
Rotebühlstraße 77
70178 Stuttgart
Telefon: 07 11 / 66 72 14 26
Telefax: 07 11 / 66 72 19 74

 **Hans Thoma Verlag GmbH
Karlsruhe**